Steinach
Schmirn
St. Jodok
Gries
Olperer
Tuxer
ZILLERTHALERGRUPPE
Hundskehle
Birnlücke
Hörnle
Dreiherrensp.
St. Peter
St. Johann
Brenner
Hochfeiler
Pfitscher Jöchl
Gossensass
L
Trens
Stilfes
Lappach
Sand
Hochgall
St. Jakob
Mühlwald
Uttenheim
Vals
Mauls
Terenten
Gais
Antholz
Pfalzen
Bruneck
Ehrenburg
Mühlbach
Franzensfeste
Schalders
Vahrn
BRIXEN
St. Lorenzen
Olang
Welsberg
St. Martin
Niederdorf
Toblach
Lüsen
Enneberg
Prags
Velthurns
Pallens
Afers
St. Martin
St. Vigil
Klausen
Villanders
Gufidaun
Lajen
Campill
Wengen
Seekofel
Dürrenstein
Höllenstein
Waidbruck
Geislersp.
Abtei
Schluderbach
St. Ulrich
Wolkenstein
M. Cristallo
Kastelruth
Völs
Corvara
Cortina
Seiseralpe
Sellajoch
Sorapis

Als Tirol geteilt wurde

Die Grenzziehung nach 1920

Efrem Oberlechner (Hrsg.)

Eine Publikation für das
„Haus der Tiroler Geschichte“

Haus der Tiroler Geschichte
Casa della storia tirolese

Impressum

Text: Katharina Brenner
Koordination und Konzept: Efrem Oberlechner
Mitarbeit: Stephan Gostner, Rupert Gietl, Juri Oberlechner, Helmut Golowitsch, Cristian Kollmann, Martin Pescolderung, Hubert Speckner, Elmar Thaler, Efrem Oberlechner
Herausgeber: Efrem Oberlechner
Herstellung und Verlag: Effekt! – Buchverlag www.effekt.tirol

Bibliografische Information der Deutschen Nationalbibliothek:
Die Deutsche Nationalbibliothek verzeichnet diese Publikation in der Deutschen Nationalbibliografie; detaillierte bibliografische Daten sind im Internet über http://dnb.d-nb.de abrufbar.

ISBN: 979-12-5532-097-5

2. Auflage: Juni 2025

Überblick

Die neue Linie auf der Karte

Einschneidende Veränderungen beginnen oft mit einer unsichtbaren Linie, die auf Landkarten gezogen wird. Sie trennt Menschen, Gemeinschaften, Territorien und Lebenswelten.

So geschah es auch im Nachkriegseuropa des 20. Jahrhunderts. Eine unscheinbare Grenze, eine neue Linie auf der Karte zwischen Österreich und Italien sollte das Schicksal Tausender Menschen über Generationen beeinflussen.

Ein Blick auf Landkarten gibt jedoch nichts von den Tragödien, die sich hinter den Linien verbergen, und den Herausforderungen, mit denen die betroffene Bevölkerung tagtäglich zu kämpfen hatte, preis. An einer dünnen Linie kann man kein auseinandergerissenes Volk, keine durchtrennten Besitztümer und auch keine Schicksale ablesen. Diese sind heute in Vergessenheit geraten.

Das vorliegende Buch soll ein Beitrag dazu sein, die Jahre während der Grenzziehung zwischen Österreich und Italien besser zu verstehen, Geschehenes aufzuarbeiten und Vergangenes ins Gedächtnis zu rufen. Es beleuchtet die Jahre der Durchführung und die Folgen für die Öffentlichkeit und die Bevölkerung. Die Basis dafür bilden nicht nur Publikationen, sondern auch Zeitungsartikel aus den Jahren der Grenzziehung sowie teilweise noch unveröffentlichte Dokumente aus dem Tiroler Landesarchiv.

Quelle der enthaltenen Bilder – und gleichzeitig auch Basis für die Idee der vorliegenden Publikation – ist ein zu Tage getretenes Fotoalbum, in dem Schlüsselmomente der Grenzziehung festgehalten wurden. Ein wertvoller Fund und ein kulturelles Erbe, das Einblicke in die vergangene Zeit bietet und die physischen Manifestationen dieser politischen Entscheidung dokumentiert.

Mithilfe dieser vielschichten Quellen wurde ein Werk geschaffen, das nicht nur die historischen Fakten und Entwicklungen aufzeigt, sondern auch die menschlichen Aspekte einfängt, die mit der Grenzziehung zwischen Österreich und Italien verbunden sind. Die Zusammenführung von Texten, Zeitungsartikeln, historischen Dokumenten und Fotografien ermöglicht es, ein umfassendes Bild der damaligen Ereignisse zu zeichnen.

Im ersten Teil wird nach einer kurzen Einordnung der Geschehnisse in den historischen Kontext und der allgemeinen Bedeutung von Grenzen auf die Arbeit des Grenzregelungsausschusses eingegangen. Hier werden Arbeitsweise und Zusammensetzung des Ausschusses näher beleuchtet, während anschließend das Grenzziehungsverfahren beschrieben wird. Darauf aufbauend liegt der Fokus auf verschiedenen Herausforderungen, die während der Grenzziehung auftraten und zu verschiedenen Problematiken, Diskussionen, Unstimmigkeiten und nicht selten auch zu öffentlichen Hetzen führten. Durch die Analyse einiger Zeitungsartikel werden die Geschehnisse in ein öffentliches Licht gerückt und deren Darstellung in den Medien beleuchtet.

Im zweiten Teil der Publikation erfolgt eine Aufarbeitung der Folgen der Grenzziehung. Hier werden die Probleme, mit denen die Grenzbevölkerung tagtäglich zu kämpfen hatte, und die Zumutungen der Regierungen an die Menschen deutlich. Von einigen Beispielen aus dem Zollwesen und dem Handel über Probleme beim Grenzübertritt und -verkehr bis hin zum Schmuggel werden die bedeutendsten Bereiche analysiert und herausgearbeitet.

Daneben werden weitere allgemeine Folgen, Schicksale und auch das ein oder andere Kuriosum wiedergegeben. Als letzter Punkt wird noch auf die österreichisch-italienische Grenze als Symbol und Brennpunkt für Auseinandersetzungen eingegangen. Denn in diesem Kontext war und ist die Grenze auch heute noch Manifestation für Konflikte und Unstimmigkeiten.

Die vorliegende Publikation zielt darauf ab, nicht nur den Verlauf und die Folgen der Grenzziehung zu dokumentieren, sondern vor allem einen Beitrag zur Erinnerungskultur und historischen Aufarbeitung zu leisten.

Sie ist eine Einladung, sich mit der Vergangenheit auseinanderzusetzen und aus ihr zu lernen, um Gegenwart und Zukunft besser zu gestalten.

ITALIENISCH - ÖSTERREICHISCHE GRENZE
Abschnitt: Kreuz Joch - Kraxentrager

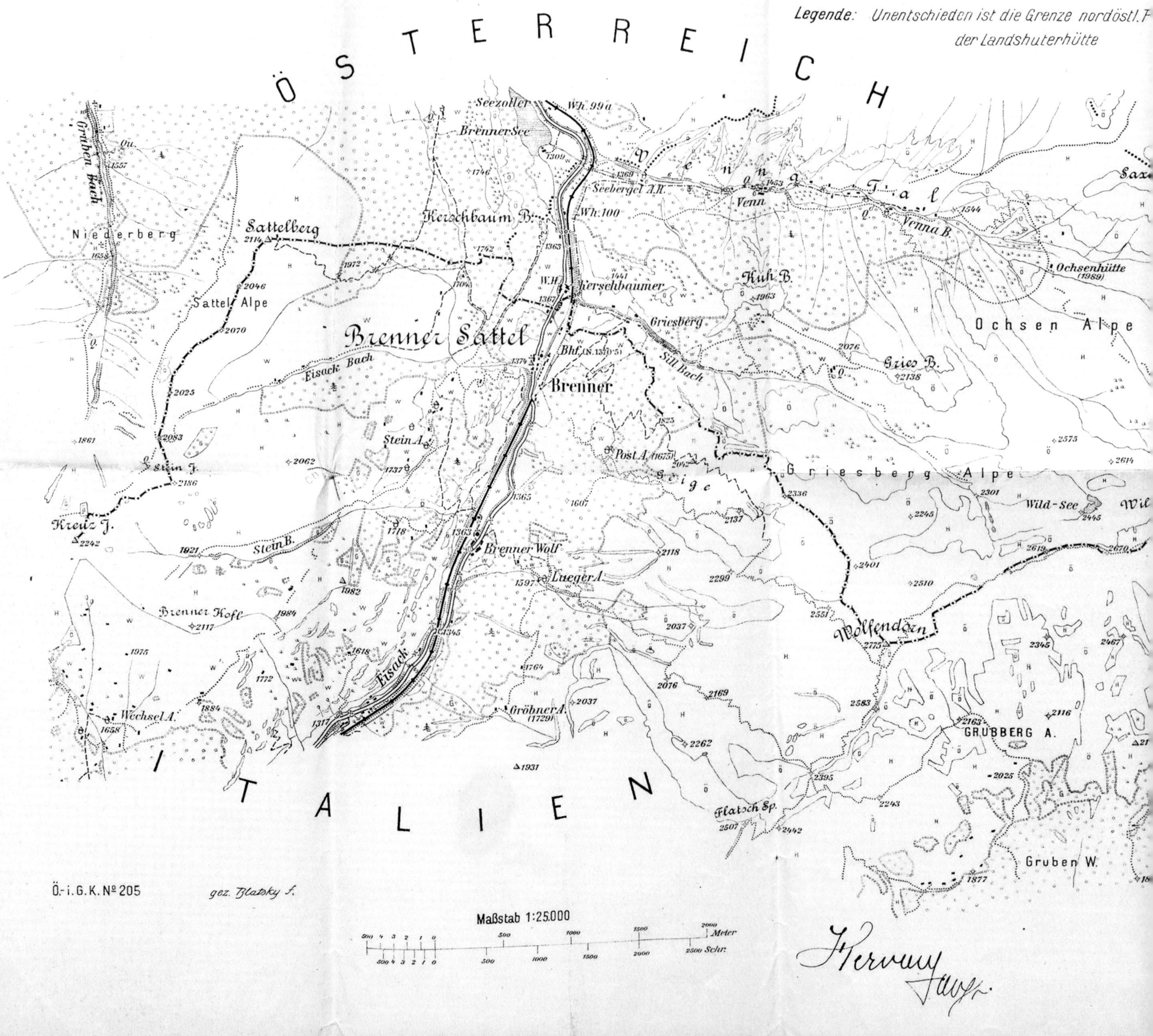

nd auf dem Boden

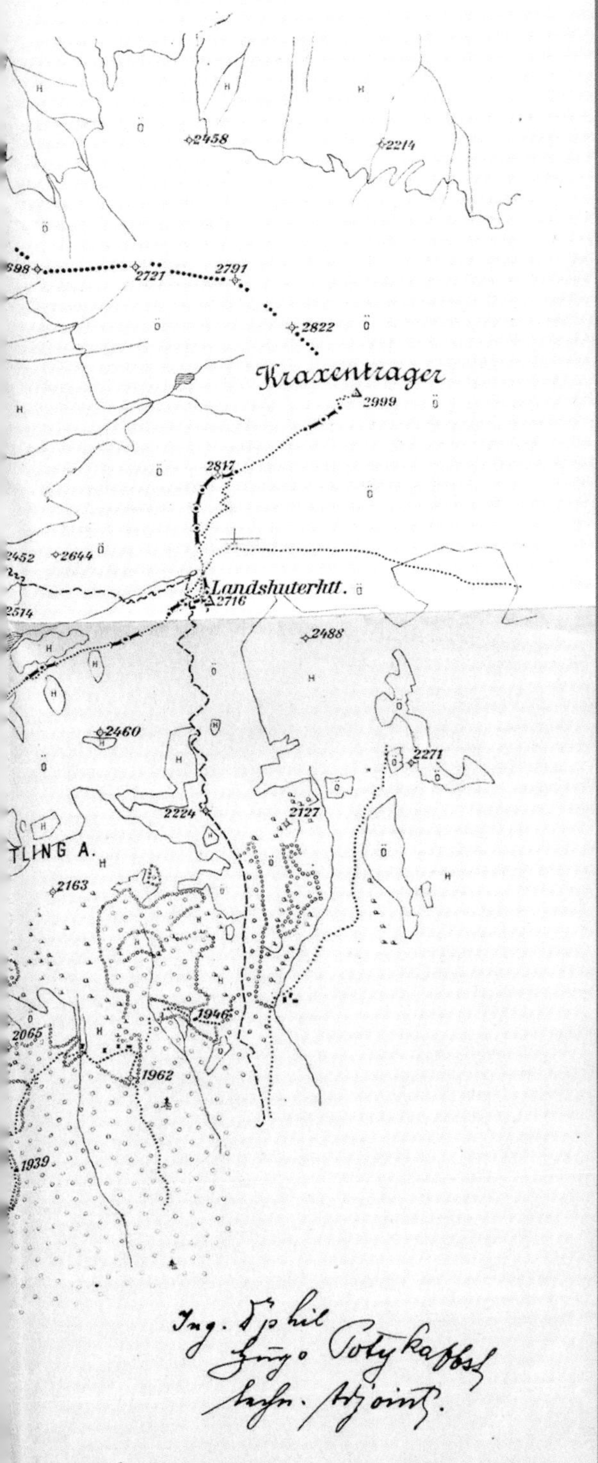

Die neue Grenze

Die neue Grenze

Mit der Grenzziehung zwischen Österreich und Italien nach dem Ersten Weltkrieg wurde nicht nur eine geografische Trennlinie markiert, sondern der Grundstein für die Südtiroler Geschichte der letzten hundert Jahre bis in die heutige Zeit gelegt.

Dieses einschneidende Ereignis wirft Fragen auf, die über die rein geografische Dimension hinausgehen. Die Auseinandersetzung mit den Hintergründen, den politischen Entscheidungen und den Auswirkungen der Grenzziehung ermöglicht es, die Vielschichtigkeit dieses historischen Moments zu erfassen.

Dieses Kapitel beleuchtet die allgemeinen Facetten der neuen Grenze – von der generellen Definition und Bedeutung einer Grenze bis hin zum historischen Kontext, in den die Grenzziehung eingebettet ist – und bildet die Basis für die weiteren Ausführungen in den folgenden Kapiteln dieser Publikation. So können wir nicht nur die Ereignisse besser verstehen, sondern auch die Grundlage für die Diskussion um die Bedeutung und Relevanz dieser Grenze in der Gegenwart schaffen.

Die Bedeutung von Grenzen

Laut Duden ist eine Grenze in ihrer ersten Bedeutung ein „(durch entsprechende Markierungen gekennzeichneter) Geländestreifen, der politische Gebilde (Länder, Staaten) voneinander trennt“[1]. Diese Definition verweist auf die physische Abgrenzung von Territorien, die nicht nur geografisch, sondern auch politisch und kulturell relevant ist. Grenzen spielen eine zentrale Rolle in der Organisation und Strukturierung von Staatsgebieten und beeinflussen somit maßgeblich politische, wirtschaftliche und soziale Dynamiken.

Grenzen sind aber auch Symbolträger für unterschiedliche kulturelle, politische und historische Identitäten. Sie können dazu dienen, Gemeinschaften und Nationen zu definieren, und prägen das Bewusstsein der Menschen über ihre Zugehörigkeit. In diesem Sinne sind Grenzen nicht nur geografische Linien, sondern komplexe soziale Konstrukte, die das Zusammenleben und die Beziehungen zwischen Gemeinschaften formen und gestalten.

So wird im Duden die Unterbedeutung „nur gedachte Trennungslinie unterschiedlicher, gegensätzlicher Bereiche und Erscheinungen o. Ä.“[2] spezifisch hervorgehoben.

Abgesehen von Staatsgrenzen kann eine Grenze aber auch eine „Begrenzung, Abschluss[linie], Schranke“[3] sein, die sich auf Zeit, Entwicklung, menschliche Eigenschaften und Persönliches bezieht – somit auf alles, was nicht greifbar ist.

Philosophisch gesehen ist eine Grenze sogar die Voraussetzung, dass wir etwas erkennen oder wahrnehmen können, das heißt, ohne Grenzen und ohne Abgrenzungen können Dinge oder Gebiete nicht in Verhältnis zueinander gesetzt werden. Dies ist insofern bedeutend, da wir uns an Abgrenzungen, Linien

1 *www.duden.de, Stichwort: Grenze, abgerufen am 13.12.2023.*

2 *www.duden.de, Stichwort: Grenze, abgerufen am 13.12.2023.*

3 *Ebd.*

und Umrissen in der Welt orientieren und unser menschliches Verständnis und Erkennen darauf baut.[4]

Im Grunde haben Grenzen die Funktion, Identitäten, Menschen, Besitztümer und Ähnliches zu beschützen. Sie wurden, historisch gesehen, errichtet, um Sicherheit und Ordnung zu gewährleisten, die Interessen von Staaten zu schützen und Identitäten zu definieren. Sie können aber auch Konflikte und Herausforderungen schaffen und genau das Gegenteil von dem bewirken, wofür sie einst geschaffen wurden.

Die neue Grenzziehung zwischen Österreich und Italien wirft Fragen auf, die über die sichtbare Linie auf der Landkarte hinausgehen, und bringt weitreichende Folgen mit sich.

Historischer Hintergrund

Um den Kontext und die Ursache für die neue Grenzziehung zwischen Österreich und Italien zu verstehen und richtig einordnen zu können, wird in diesem Kapitel kurz der historische Hintergrund erläutert.

Vor dem Ersten Weltkrieg umfasste die Grafschaft Tirol das heutige österreichische Bundesland Tirol, Südtirol, das heutige Trentino und Teile von Belluno.

4 *Vgl. Egger, Philipp: Die Teilung Tirols nach dem Ersten Weltkrieg im Spiegel der Akten des österreichisch-italienischen Grenzregelungsausschusses im Staatsarchiv Wien – mit fachdidaktischer Ausarbeitung. Diplomarbeit, Innsbruck 2018, S. 19–20 und https://www.staatslexikon-online.de/Lexikon/Grenze, abgerufen am 14.12.2023.*

Während des Ersten Weltkriegs verhielt sich Italien als Mitglied im Dreibund zusammen mit Österreich-Ungarn und dem Deutschen Reich zunächst neutral. 1915 brach Italien jedoch das Bündnis, nachdem bei Geheimverhandlungen in London die Entente-Mächte England, Frankreich und Russland die Zusicherung von Gebietszuwächsen – darunter Südtirol – versprochen hatten. Der Text des Londoner Geheimvertrages wurde erst 1917 bekannt.[5] Darin stand unter anderem Folgendes:

> *„Die Seestreitkräfte Frankreichs und Großbritanniens werden Italien ihre aktive Hilfe leihen, bis die österreichische Flotte zerstört ist oder bis zum Friedensschluß. Durch den zukünftigen Friedensvertrag wird Italien erhalten: das Trentino, ganz Südtirol bis zu seiner geografischen und natürlichen Grenze, den Brenner […]“*[6]

Nach dem Kriegsende 1918 beruhte die letzte Hoffnung Tirols, doch noch von der Annexion an Italien verschont zu bleiben, auf dem 14-Punkte-Programm für die neue Weltordnung des US-Präsidenten Woodrow Wilson.

Er forderte die Räumung besetzter Gebiete und die generelle Neuordnung Europas nach dem Prinzip des Selbstbestimmungsrechtes der Völker. Er hatte ebenso die Berichtigung der Grenzen nach klar erkennbaren Linien der Nationalität vorgesehen. Doch

5 *Vgl. Golowitsch, Helmut et al.: BAS. Opfer für die Freiheit. Ausstellungskatalog. Neumarkt 2018, S. 53 und 234.*

6 *„Tiroler Grenzbote“ vom 23.02.1918, S. 2, abrufbar unter digital.tessmann.it*

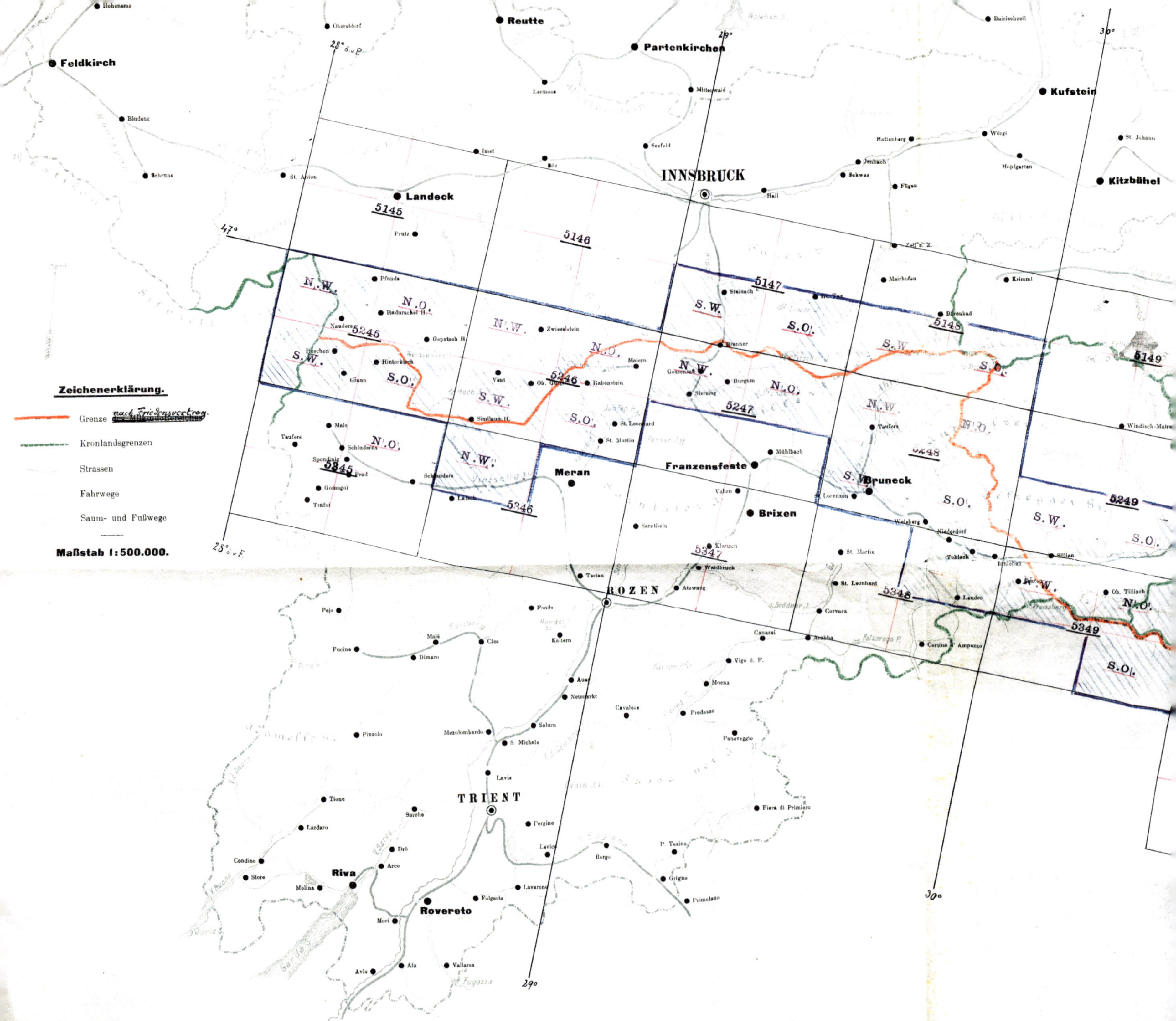

Innsbruck, am 4. März 1920.

Die neue Grenzziehung zwischen Österreich und Italien laut Friedensvertrag von Saint-Germain.

aus strategischen Gründen entschied er sich am Ende doch für die neue Grenzziehung am Brenner.[7]

Anschließend wurde der Friedensvertrag von Saint-Germain vom 10. September 1919 verfasst. Österreich und seinen Verbündeten wurde die alleinige Kriegsschuld zugewiesen, das Land hatte nichts mehr zu sagen und Südtirol kam ohne Autonomiebestimmungen und ohne Minderheitenschutz zu Italien. Italiens Anspruch basierte darüber hinaus lediglich auf militärischen Überlegungen, anders als beispielsweise der Anschluss des Trentino, der mit dem Wunsch nach Vollendung der nationalen Einheit einherging.[8]

Bei den Verhandlungen in Saint-Germain hatten die Tiroler zwar versucht, den Anschluss Südtirols zu Italien zu verhindern, und nachgewiesen, dass das Land seit jeher eins war und fast die gesamte Bevölkerung Deutsch sprach. Überdies hatten sie versucht, zumindest das Pustertal zu retten, aber die Italiener forderten den Berg Helm und Sexten für die Verteidigung gegen Jugoslawien – und die Konferenz handelte nach ihrem Willen.[9]

Am 10. Oktober 1920 wurde nun Südtirol gemäß Artikel 27 des Friedensvertrages trotz viel Widerstand ein Teil Italiens, und damit begann offiziell die Ziehung der neuen österreichisch-italienischen Grenze.[10]

7 *Vgl. Matuella, Winfried: Der Frieden von Saint Germain und die Gründung des Andreas-Hofer-Bundes Tirol im Jahre 1919. In: Golowitsch et al.: BAS, S. 234.*

8 *Vgl. Egger: Die Teilung Tirols nach dem Ersten Weltkrieg, S. 23–25.*

9 *Vgl. „Lienzer Nachrichten" vom 31.03.1920, S. 1, abrufbar unter: digital.tessmann.it*

10 *Vgl. Mahlknecht, Otto: Die Staatsbürgerschaften der Südtiroler. Rechtliche und politische Hintergründe. Neumarkt 2021, S. 22.*

Rotwand

Unterstände aus dem Ersten Weltkrieg

Schwarze Wand

Verfallene Stellungen und Schützengräben

Der Grenzregelungs-ausschuss

Der Grenzregelungs-ausschuss

Die konkrete Umsetzung der abstrakten und zuweilen sehr ungenauen Festlegung der neuen Grenze im Friedensvertrag von Saint-Germain erfolgte durch den Grenzregelungsausschuss. Er wurde mit der Festsetzung und Vermarkung der neuen Grenze zwischen Österreich und Italien beauftragt.

In diesem Kapitel wird zunächst auf den Aufbau, die Aufgaben und die Arbeitsweise des Ausschusses, der mit dieser schwierigen Aufgabe betraut wurde, eingegangen.

Im darauf aufbauenden Unterkapitel werden das Grenzziehungsverfahren und damit einhergehende Weisungen an die zuständigen Personen genauer in Augenschein genommen.

Im letzten und spannendsten Teil werden verschiedene Herausforderungen, die Grenzziehung im Gelände betreffend, genauer beschrieben. Diese gründen meist auf der wenig spezifischen Grenzvorgabe im Vertrag von Saint-Germain. Der Fokus liegt auf den bekanntesten Pässen und Übergängen zwischen Österreich und Italien. Hier werden die Arbeitsweise und die Herangehensweise des Grenzregelungsausschusses bei Unklarheiten und Unstimmigkeiten noch einmal deutlich.

> Die Grenzregelungs-ausschüsse waren die handelnden Organe für die neuen Grenzziehungen innerhalb Europas.

Aufbau und Arbeitsweise des Grenzregelungsausschusses

Die Botschafterkonferenz in Paris, die im Jahre 1919 gegründet wurde, bildete die oberste Instanz nach dem Ersten Weltkrieg und war damit beauftragt, die im Vertrag von Saint-Germain festgelegten Grenzen und Friedensmaßnahmen zu koordinieren. Sie war als internationale Institution für die Nachkriegsordnung in Europa zuständig und war den internationalen Grenzregelungsausschüssen direkt übergeordnet.

Die Grenzregelungsausschüsse waren die handelnden Organe für die neuen Grenzziehungen innerhalb Europas. Sie hatten die Pflicht, die Grenze im Rahmen des Vertrags zu bestimmen, waren aber dort, wo die Vorgaben sehr allgemein und unspezifisch waren oder sich unvorhergesehene Probleme herausstellten, dazu ermächtigt, die Grenzlinie selbstständig und nach eigenem Ermessen festzulegen.[11]

Im Vertrag von Saint-Germain wurde die Gründung des Grenzregelungsausschusses zur Festlegung

11 *Vgl. Egger: Die Teilung Tirols nach dem Ersten Weltkrieg, S. 27.*

der neuen Grenze zwischen Österreich und Italien in Artikel 29 festgehalten:

> *„Den Grenzregelungsausschüssen, deren Zusammensetzung durch den gegenwärtigen Vertrag bestimmt ist oder durch einen Vertrag zwischen den alliierten und assoziierten Hauptmächten und den oder einem der interessierten Staaten bestimmt werden wird, obliegt es, diese Grenzlinien im Gelände zu ziehen. Sie besitzen jegliche Machtbefugnis, nicht nur zur Bestimmung der als ‚im Gelände noch zu bestimmende Linie' bezeichneten Teilstrecken, sondern auch zur Revision der durch Verwaltungsgrenzen bestimmten Teilstrecken (außer hinsichtlich der im August 1914 bestandenen internationalen Grenzen, wo sich die Rolle der Ausschüsse auf die Überprüfung der Grenzpfähle und Grenzsteine beschränken wird), sofern einer der beteiligten Staaten eine solche Revision verlangt und der Ausschuß sie als zweckdienlich anerkennt. In diesen beiden Fällen werden sie es sich angelegen sein lassen, unter tunlichster Berücksichtigung der politischen Grenzen und der örtlichen wirtschaftlichen Interessen den in den Verträgen gegebenen Festlegungen nach Möglichkeit zu folgen.*
>
> *Die Ausschüsse entscheiden mit Stimmenmehrheit. Ihre Entscheidungen sind für die Beteiligten bindend. Die Kosten der Grenzregelungsausschüsse werden zu gleichen Teilen von den beiden beteiligten Staaten getragen."*[12]

Die Grenzkommission betonte fortwährend, die neue Grenzlinie rasch ziehen zu wollen[13], doch die vagen Vorgaben aus St.-Germain waren dafür nicht gerade förderlich. Solange es sich um Wasserscheiden, Berggeraden, Flüsse und Bäche handelte, war die Sache relativ klar, nicht so jedoch im hochalpinen Gelände: Wo oft über weite Strecken keine Anhaltspunkte für eine Grenzziehung sichtbar waren, musste die „Machtbefugnis"[14] des Ausschusses notgedrungen zu Konflikten führen. Wie sich im weiteren Verlauf des zweiten Kapitels noch zeigen wird, sind bei solch offenen Aussagen Probleme, Unstimmigkeiten und Willkürlichkeiten in der Festlegung der Grenze vorprogrammiert. Daraus resultierte eine insgesamt über 4 Jahre dauernde[15], viel zu lange Arbeitsphase der Grenzziehung. Diese war sowohl mit hohen Kosten[16] verbunden, die vor allem für das durch den Krieg schon genug gebeutelte Land Österreich – wo ein Großteil der Bevölkerung kaum genug Lebensmittel und Geld zum Überleben hatte[17] – äußerst schwierig zu stemmen waren, als auch mit einem immensen nicht gerechtfertigten Arbeitsaufwand.

Der österreichisch-italienische Grenzregelungsausschuss bestand aus fünf militärischen Delegationen – darunter die zwei interessierten Länder Österreich und Italien und drei nicht-interessierte Länder

12 *Der Staatsvertrag von Saint-Germain-en-Laye, Artikel 29, abrufbar unter https://www.versailler-vertrag.de/svsg/svsg-i.htm, zuletzt abgerufen am 19.12.2023.*

13 *Vgl. Egger: Die Teilung Tirols nach dem Ersten Weltkrieg, S. 30.*

14 *Der Staatsvertrag von Saint-Germain-en-Laye, Artikel 29, abrufbar unter https://www.versailler-vertrag.de/svsg/svsg-i.htm, zuletzt abgerufen am 19.12.2023.*

15 *Vgl. Egger: Die Teilung Tirols nach dem Ersten Weltkrieg, S. 28.*

16 *Vgl. Ebd., S. 80–81.*

17 *Vgl. „Lienzer Nachrichten" vom 17.01.1920, S. 1; „Volkszeitung" vom 27.01.1920, S. 1 und „Lienzer Nachrichten" vom 02.04.1921, S. 3, abrufbar unter digital.tessmann.it*

Die internationale Grenzregelungskommission, bestehend aus Oberstleutnant Alberto Pariani (Italien), Oberstleutnant Alphons Bernhard (Österreich), Major Rouget (Frankreich), Oberstleutnant Behrens (Großbritannien) und Major Hattori (Japan).

(Frankreich, England und Japan).[18] Jede Delegation hatte jeweils einen Leiter, aus denen sich die Grenzregelungskommission zusammensetzte:

Oberstleutnant Alberto Pariani (Italien), Oberstleutnant Alphons Bernhard (Österreich), Major Rouget (Frankreich), Oberstleutnant Behrens (Großbritannien) und Major Hattori (Japan). Der französische Vertreter wurde in der ersten Sitzung des Grenzregelungsausschusses am 19. Juli 1920 in Paris zum Vorsitzenden der Kommission gewählt.[19] Weiters bestanden die Abordnungen der beiden interessierten Staaten aus Unterkommissären, technischen Zugeteilten für die Arbeiten im Gelände und Hilfskräften, während die Delegationen der nicht-interessierten Staaten jeweils neben einem Kommissär auch einen Dolmetscher, einen Sekretär und Hilfstopographen beschäftigten.[20]

Die Hauptaufgaben des Grenzregelungsausschusses können in vier große Bereiche eingeteilt werden: Organisation und Aufstellung eines Arbeitsplanes, die Festlegung der Grenzlinie, die Vermarkung der Grenzpunkte im Gelände sowie die Verfassung der Grenzprotokolle.

Die neue Grenze zwischen Österreich und Italien umfasste rund 430 Kilometer, wovon 200 Kilometer auf das Hochgebirge entfielen. Die Hauptgrenze wurde bereits im Friedensvertrag von Saint-Germain grob

18 *Vgl. Egger: Die Teilung Tirols nach dem Ersten Weltkrieg, S. 27.*

19 *Vgl. Tiroler Landesarchiv: Karton 166 „Neuere Grenzakten", 14.2.1.*

20 *Vgl. Egger: Die Teilung Tirols nach dem Ersten Weltkrieg, S. 30.*

festgelegt, die genaue Festlegung der Teilabschnitte oblag aber den beiden interessierten Ländern.[21]

In Artikel 27 des Vertrags von Saint-Germain wurde die neue Grenze wie folgt definiert:

> *„Von der Kote 2645 (Gruben-J.) ostwärts bis zur Kote 2915 (Klopaier Spitze): eine im Gelände noch zu bestimmende Linie, die über die Kote 1483 verläuft, welche sich auf der Straße von Reschen nach Nauders befindet;*
>
> *von dort ostwärts bis zum Gipfel der Dreiherrnspitze (Kote 3505): die Linie der Wasserscheide zwischen den Becken des Inn im Norden und der Etsch im Süden;*
>
> *von dort im allgemeinen gegen Südsüdost bis zur Kote 2545 (Marchkinkele): die Linie der Wasserscheide zwischen den Becken der Drau im Osten und der Etsch im Westen; von dort gegen Südosten bis zur Kote 2483 (Helmspitze): eine im Gelände noch zu bestimmende Linie, welche die Drau zwischen den Ortschaften Winn[e]bach und Arnbach übersetzt;*
>
> *von dort gegen Ostsüdost bis zur Kote 2050 (Osternig), ungefähr neun Kilometer nordwestlich von Tarvis: die Linie der Wasserscheide zwischen dem Draubecken im Norden und den einander folgenden Becken des Sextenbaches, der Piave und des Tagliamento.“*[22]

Die gesamte Grenze wurde in der zweiten Sitzung der Kommission am 21. Juli 1920 in Paris in drei Abschnitte (A, B und C) und insgesamt 11 Unterabschnitte gegliedert:[23] Abschnitt A wurde in drei Unterabschnitte unterteilt – von der Schweizer Grenze bis zur Weißkugel, von dort bis zur Hochwild-Spitze und weiter bis zum Wilden Freiger –, Abschnitt B hatte 5 Unterabschnitte – vom Wilden Freiger bis zum Kreuzjoch, weiter bis zum Möseler, von dort zum Rauchkofel, zum Hochgall und von dort auf italienischer Seite weiter zur Pfannspitz (Cima Vanscuro) und auf österreichischer Seite bis zur Kärntner Landesgrenze – und Abschnitt C wurden 3 Unterabschnitte zuteil: bis zur Cima Coglians, von dort bis zum Trogkofel und weiter bis zum Peč.[24] Am 6. Juni 1921 überarbeiteten und spezifizieren der österreichische Delegierte Bernhard und der italienische Delegierte Pariani diese erste ungefähre Aufteilung, da sie überein gekommen waren, dass der Helm die Grenze der beiden Sektoren bilden sollte.

21 *Vgl. Tiroler Landesarchiv: Karton 166 „Neuere Grenzakten“, 14.2.1.*

22 *Der Staatsvertrag von Saint-Germain-en-Laye, Artikel 27, abrufbar unter https://www.versailler-vertrag.de/svsg/svsg-i.htm, zuletzt abgerufen am 19.12.2023.*

23 *Vgl. Tiroler Landesarchiv: Karton 166 „Neuere Grenzakten“, 14.2.1.*

24 *Vgl. Ebd.*

Daraus ergab sich eine Aufteilung der Grenze in 12 Unterabschnitte:[25]

„[...] Zu diesem Zwecke wird die Grenze in 12 Unterabteilungen zerlegt, deren jede mit einem Buchstaben nach folgender Tabelle bezeichnet wird:

Unterabtlg.	**a – von der**	**Schweizer Grenze bis zur Weisskugel,**
“	**b – “ “**	**Weisskugel bis zur Hochwildspitze,**
“	**c – “ “**	**Hochwildspitze bis zum Wilden Freiger,**
“	**d – vom**	**Wilden Freiger bis zum Kreuzjoch,**
“	**e – “**	**Kreuzjoch bis Mösele,**
“	**f – “**	**Mösele bis zum Rauchkofel,**
“	**g – “**	**Rauchkofel bis zum Hochgall,**
“	**h – “**	**Hochgall bis zum Marchkinkele,**
“	**k – “**	**Marchkinkele bis zur Helmspitze,**
“	**m – von der**	**Helmspitze bis zur Kärntner Grenze,**
“	**n – “ “**	**Kärntner Grenze bis zum Trogkofel,**
“	**p – vom**	**Trogkofel bis zum Petsch.“[26]**

Diese Neuteilung entspricht in etwa, mit einigen kleinen Ausnahmen, der bis heute gültigen Grenzabschnitte.“[27]

Für die definitive Festsetzung der Grenze waren pro Abschnitt jeweils ein Unterkommissär auf österreichischer und einer auf italienischer Seite verantwortlich. Sie hatten die Befugnis, die Grenze nach ihrem Ermessen und ihrer Einschätzung selbstständig zu vermarken. Für die verschiedenen Arbeiten wurde den Unterkommissären geschultes Personal zur Verfügung gestellt, darunter ein Geodät,

25 *Vgl. Tiroler Landesarchiv: Karton 166 „Neuere Grenzakten“, 14.2.1.*

26 *Ebd.*

27 *Vgl. Egger: Die Teilung Tirols nach dem Ersten Weltkrieg, S. 36.*

Die Grenzlinie wurde auch im Hochgebirge genauestens festgesetzt. Hier ein Abschnitt der Zillertaler Alpen mit dem Mitterbachjoch.

ein Rechner, Topographen, technisches Hilfspersonal und mehrere Handlanger.[28]

Auf österreichischer Seite war Unterkommissär Major Konrad Philipp für Abschnitt A, Unterkommissär Major Alois Lambichler für Abschnitt B und Unterkommissär Hauptmann Franz Kohla für Abschnitt C zuständig. Die beiden letzten hatten die Funktion bis zum Ende inne, während Major Philipp am 19. August 1922 durch Hauptmann Eugen Kaiser ersetzt wurde, dessen Amt aber kurz darauf Major Viktor Soré übernahm. Ab 1922 wurde Major Lambichler von den beiden Hilfsunterkommissären Major Rudolf Hans Klinke und Hauptmann Alois Molling unterstützt, da sein Zuständigkeitsgebiet erweitert wurde.[29] Zusätzlich wurde allen Unterkommissären im späteren Verlauf der Grenzziehung auch ein Ersatzmann für den Krankheitsfall zur Verfügung gestellt. Dies geschah jedoch erst im Juni 1922, da infolge einer längeren Krankheitsphase eines österreichischen Unterkommissärs die Arbeiten in seinem Grenzabschnitt Gefahr liefen, eingestellt zu werden.[30]

Auf italienischer Seite waren die Unterkommissäre Oberstleutnant Carlo Mazzoli (Abschnitt A), Oberst Enrico Vitalini (Abschnitt B) und Oberst Emanuele Rossi (Abschnitt C) tätig.[31]

Aufgaben der Unterkommissäre waren unter anderem die Fixierung der Begrenzungspunkte der Unterabschnitte, die Festlegung der Punkte für die Grenzzeichen (inklusive Lokalaugenscheine und Entscheidungen bezüglich der noch nicht definierten

28 *Vgl. Tiroler Landesarchiv: Karton 166 „Neuere Grenzakten", 14.2.1.*

29 *Vgl. Egger: Die Teilung Tirols nach dem Ersten Weltkrieg, S. 31–32.*

30 *Vgl. Tiroler Landesarchiv: Karton 166 „Neuere Grenzakten", 14.2.1.*

31 *Vgl. Egger: Die Teilung Tirols nach dem Ersten Weltkrieg, S. 31–32.*

Teilstrecken), das Anlegen von Koordinatenlisten der Grenzpunkte sowie die Einzeichnung der Linie für die späteren Arbeiten der Topografen. Nach der Festsetzung auf dem Papier wurde die Vermarkung in Angriff genommen. Die Unterkommissäre definierten die zu benutzenden Grenzzeichen (Haupt- oder Nebengrenzzeichen) und organisierten ihre Anbringung im Gelände. An deren Stelle wurden zu einem späteren Moment dann die Grenzsteine aufgestellt.[32]

Grenzziehungsverfahren

Unzählige Weisungen an die Unterkommissäre[33], die kontinuierlich aktualisiert und erweitert wurden, sollten eine schnelle und einheitliche Arbeit an den verschiedenen Grenzabschnitten garantieren. Trotzdem kam es nicht selten zu verschiedenen Problemen, mit denen eine Verzögerung der Arbeiten einherging.

Die Arbeit des österreichisch-italienischen Grenzregelungsausschusses dauerte insgesamt über 4 Jahre – von 1920 bis 1924. In dieser Zeit wurde die Grenzlinie bestimmt, vermarkt und kartographiert.[34]

Zu Beginn der Arbeiten wurde ein Arbeitsprogramm festgelegt, das grob die Reihenfolge der einzelnen Tätigkeiten bestimmte. Zuerst wurden die Teilstrecken der einzelnen Abschnitte definiert, dann wurden sie abgegangen, ehe die Klärung eventueller Differenzen erfolgte. Anschließend wurde die Vermarkung der Haupt- und Nebengrenzzeichen vor-

Eine Arbeitsgruppe am Granatenkofel in den Ötztaler Alpen. Die Arbeitspartien bestanden aus mehreren geschulten Arbeitern, die unterschiedlich spezialisiert waren.

genommen.[35] Die Hauptgrenzzeichen dienten zur Festlegung der Grenzlinie im Allgemeinen, deren Entfernung zueinander 5–6 Kilometer betragen sollte. Die Nebenzeichen dienten zur Präzisierung des Detailverlaufes der Grenzlinie.[36] Als letztes wurden die Grenzsteine an die Positionen der provisorischen Grenzzeichen gesetzt, sobald die Grenzkommission diese absegnete bzw. keine (weiteren) Beanstandungen vorbrachte.[37] Auch die Grenzsteine waren in Hauptmarksteine und Zwischenmarksteine aufge-

32 *Vgl. Egger: Die Teilung Tirols nach dem Ersten Weltkrieg, S. 35–39.*

33 *Vgl. Tiroler Landesarchiv: Karton 166 „Neuere Grenzakten“, 14.2.1 und 14.4.*

34 *Vgl. Egger: Die Teilung Tirols nach dem Ersten Weltkrieg, S. 53.*

35 *Vgl. Tiroler Landesarchiv: Karton 166 „Neuere Grenzakten“, 14.2.1.*

36 *Vgl. Ebd.*

37 *Vgl. Tiroler Landesarchiv: Karton 166 „Neuere Grenzakten“, 14.2.1.*

Zwei Arbeitspartien bei Vermessungsarbeiten: Nach der Festsetzung der Grenze auf dem Papier wurde sie vor Ort begangen, vermessen und abgesteckt.

teilt, die den gleichen Kriterien wie die Haupt- und Nebengrenzzeichen entsprachen.[38]

Für die Bezeichnung und Begehung der Grenzlinie wurde eine erneute Weisung an die Unterkommissäre verfasst: Da für jeden der drei Grenzabschnitte jeweils ein österreichischer und ein italienischer Unterkommissär zuständig waren, wurde vorgeschrieben, dass beide zusammen die Grenzlinie abschreiten sollten. Die Grenzsteine hatten – und haben auch immer noch – den Zweck, die Grenzlinie dort sichtbar zu machen, wo sie nicht bereits auf dem Boden oder durch die Natur erkennbar war. Die monografisch und topografisch genaue Position jeden Steines musste in einem speziellen Grundbuchblatt eingetragen werden. Sollten Zweifel oder Meinungsverschiedenheiten bezüglich der Setzung eines Grenzsteines bestehen, musste der jeweilige Delegationsleiter eine Entscheidung treffen. Die Unterkommissäre mussten immer donnerstags und sonntags einen Bericht über die verrichteten Tätigkeiten und den allgemeinen Lauf der Arbeiten abgeben.[39]

38 *Vgl. Tiroler Landesarchiv: Karton 166 „Neuere Grenzakten", 14.2.1.*

39 *Vgl. Tiroler Landesarchiv: Karton 166 „Neuere Grenzakten", 14.2.1.*

Die pyramidenförmigen trigonometrischen Signale dienten der präzisen Bestimmung der Platzierungsorte der Grenzsteine. Durch die genaue Vermessung und Aufzeichnung der Daten war es möglich, zu einem späteren Zeitpunkt den genauen Ort wiederzufinden, falls der Stein neu platziert werden musste.[40] Im Hintergrund die Hochfernerspitze.

Ein Signal im felsigen Terrain. Je nach Untergrund wurden unterschiedliche trigonometrische Signale verwendet.[41]

War im Gelände kein Platz für ein pyramidenförmiges trigonometrisches Signal, wurde der sogenannte „Steinmann“ aufgestellt.[42]

Ein „Steinmann“ auf dem Tribulaun.

---

40 Vgl. Tiroler Landesarchiv: Karton 166 „Neuere Grenzakten“, 14.4.

41 Vgl. Ebd.

42 Vgl. Tiroler Landesarchiv: Karton 166 „Neuere Grenzakten“, 14.4.

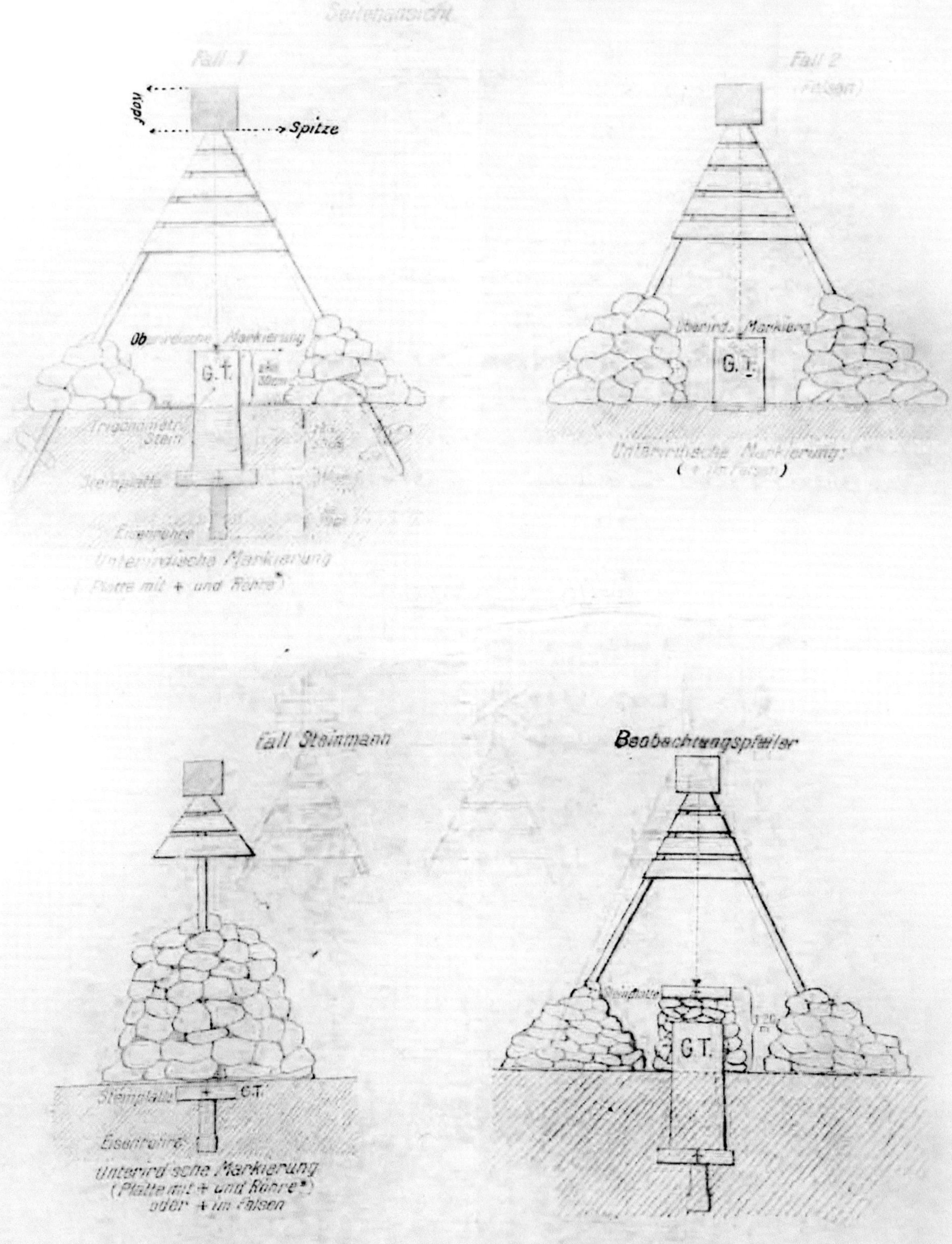

*) Die Röhre wird bei manchen Signalen fehlen

Italienische Signale

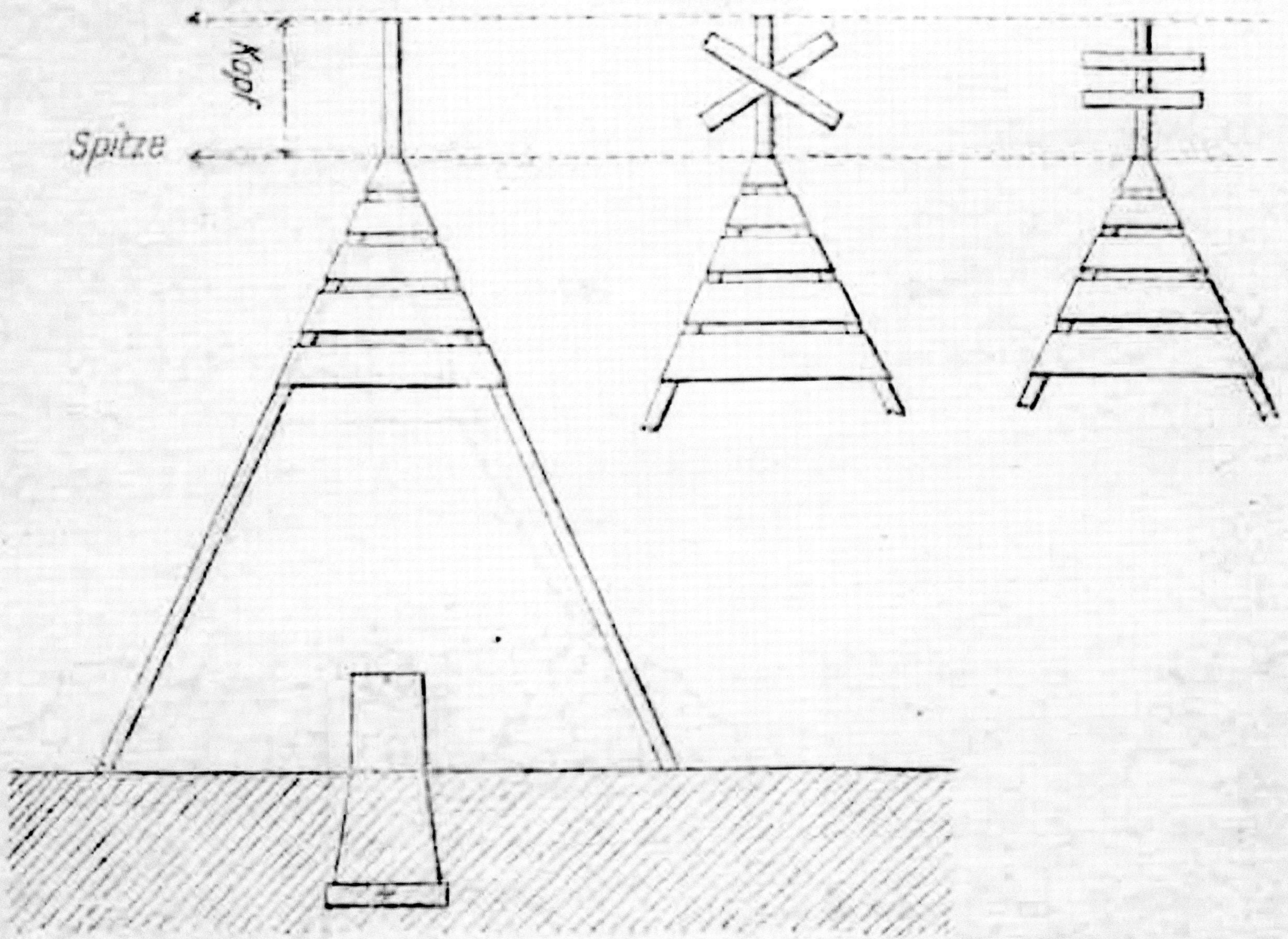

Die Zentralgrenzkommission verschickte am 5. Oktober 1920 Instruktionen für die Vermessungsarbeiten an der Grenze, die folgende Schritte umfasste:

> *„Sammlung aller Behelfe, Einzeichnung der Grenzlinie in Karten und erste Grenzbegehung, Piquetage (Auspflockung) der Grenzlinie im Terrain, Setzung der Grenzsteine, Einmeißelung der Richtungszeichen auf den Grenzsteinen, Aufnahme der Grenzlinie, Aufnahme und Feststellung der Grenzsteine (Länge, Winkel), Revision der Grenzkarte (Maßstab 1:25.000), Beschreibung der Grenze und Ersichtlichmachung der Nummern, Jahreszahl, Hoheitszeichen (Nation), Reichswappen auf den Grenzsteinen."*[43]

Wie die Grenzsteine gesetzt werden sollten, wurde genauestens vorgegeben. So wurden die Hauptsteine, die an den wichtigsten Grenzpunkten gesetzt wurden und die Form eines Obelisken hatten, rund 60 cm in die Erde versenkt und sollten anschließend noch 50–60 cm aus der Erde ragen. Sie wurden einzementiert und anschließend mit Erde oder Schotter umgeben. Grenzsteine an weniger bedeutenden Positionen und Grenzübergängen hatten zumeist auch eine andere Form und verlangten ein weniger anspruchsvolles Befestigungsprozedere. Sie wurden beispielsweise nicht einzementiert, sondern nur mit Erde oder Schotter befestigt. Die Inschrift wurde auch genauestens geregelt: Auf einem meist weißen Stein wurden die Bezeichnung/Nummer des Grenzpunktes, die beiden Staaten und die Jahreszahl eingemeiselt und mit schwarzer Farbe verdeutlicht.[44]

Anweisung an die Unterkommissäre zur korrekten Beschriftung der Grenzsteine, inkl. Angabe der Größenverhältnisse der einzelnen Elemente.

43 *Egger: Die Teilung Tirols nach dem Ersten Weltkrieg, S. 40.*
44 *Vgl. Ebd., S. 46–47 und 49.*

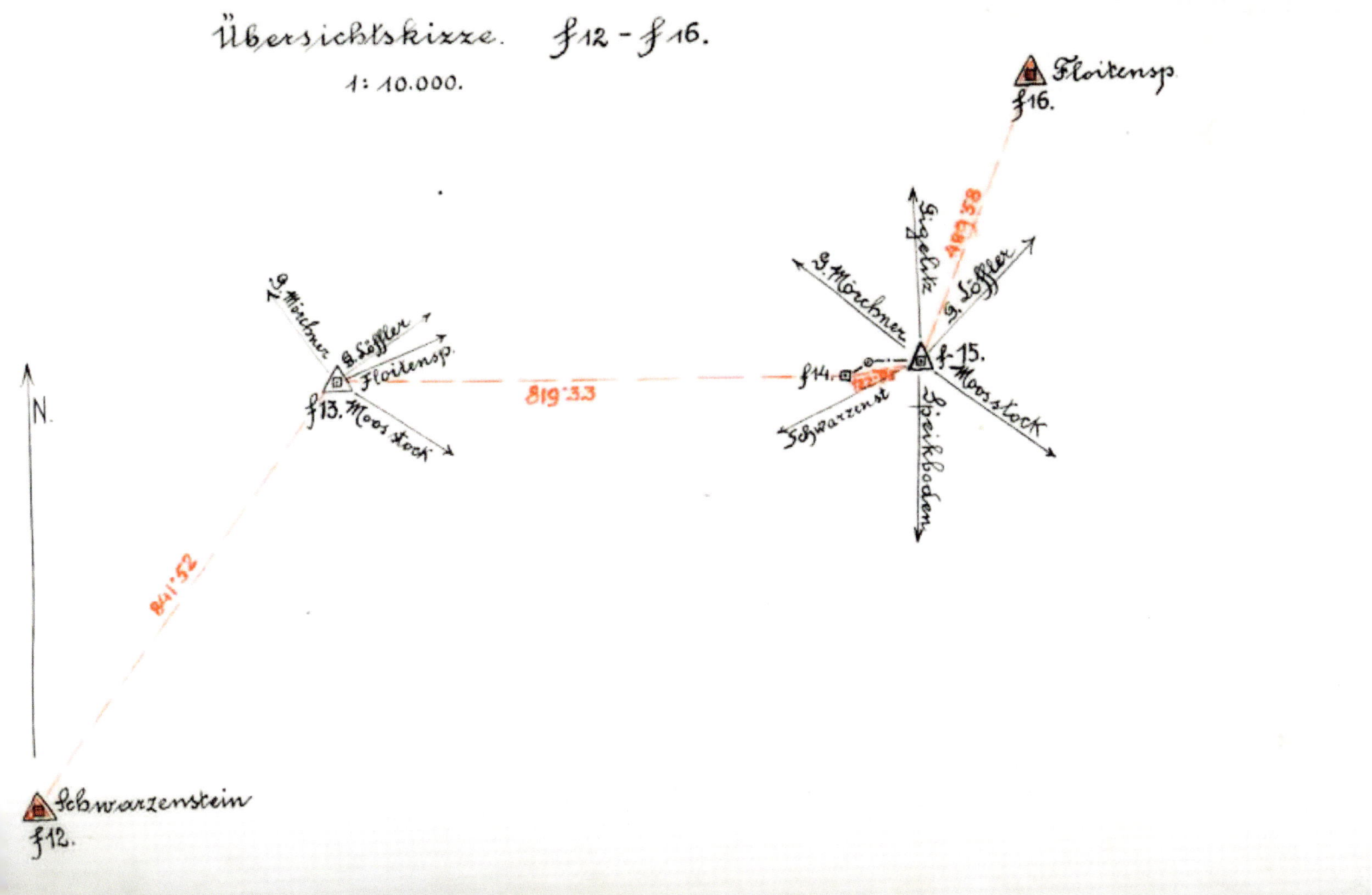

Beispiel einer Übersichtsskizze: Die Richtungspfeile kennzeichneten die Berge oder andere Orientierungspunkte in der Nähe der Grenzzeichen.

Am 22. Oktober 1922 wurde aufgrund immer wieder auftretender Unsicherheiten abermals eine Weisung zur grafischen Aufnahme, numerischen Bestimmung und Beschreibung der Grenzsteine an die österreichischen Unterkommissäre ausgegeben. Als erster Punkt wurde angeführt, dass die Entscheidungen der Unterkommissäre bezüglich der detaillierten Festsetzung der Grenzlinie uneingeschränkt befolgt werden müssten und die Linie nicht verändert werden durfte. Weiters wurden mehrere Dokumente verfasst, um die Auffindung der Lage der Grenzzeichen zu sichern: Sie enthielten eine Beschreibung der topografischen Lage jedes Grenzzeichens, die Koordinaten der einzelnen Grenzsteine und eine grafische Aufnahme (topografisch und katastral) des Grenzstreifens, in welchem die verschiedenen Punkte eingezeichnet waren. Obwohl all diese Maßnahmen dem Zweck dienten, die Standorte der Grenzzeichen

so genau wie möglich zu beschreiben, kam es wohl immer wieder zu Fehlern und Unsicherheiten.[45]

Es folgt ein Beispiel der Beschreibung eines Grenzpunktes im Abschnitt e am Brenner. Der Standort jedes Grenzzeichens sowie die Grenzlinie zwischen zwei Grenzzeichen wurde genau festgehalten:

45 *Vgl. Tiroler Landesarchiv: Karton 166 „Neuere Grenzakten", 14.2.1.*

Dort, wo die Grenze durch den Wald führte und ihre genaue Sichtbarmachung notwendig erschien, wurden ganze Waldstreifen gerodet.[46]

„Das Gz. e-39 befindet sich auf dem steilen, bewaldeten Hange, der vom Kerschbaumerberge (Mte. Ceresara) zum Weiler Kerschbaum (Österr.) fällt. Gleich im N. des Gz. liegt das Kopfende eines sehr steil zum Brenner-See fallenden Grabens, der mit dichtem Nadelwald bedeckt ist und im W. von einer Felswand begrenzt wird.

Das Gr.; e-39 steht an jener Stelle, wo die Grenzlinie die Richtung von O.S.O. scharf gegen S. ändert, wohin sie zum Gz. e-40 verläuft.

Das Gz. e-40 ist vom Gz. e-39 nicht sichtbar, wegen der welligen Gestaltung des Hanges.

Die Grenzlinie zwischen beiden Gz. ist durch ihre gerade Verbindung bestimmt. Sie verläuft in allgemeiner Richtung N.S. und ungefähr in gleicher Schichtenhöhe am Hange.

Längs und gleich bergwärts der Grenzlinie ist ein durchlaufender bewachsener Terrainstreifen mit einem schütteren Bestande, junger Nadelbäume und mit Heidelbeersträuchern bedeckt. Talwärts der Grenzlinie dagegen bildet das Terrain zuerst eine kleine nicht durchlaufende Felsstufe und dann einen sehr steilen mit Nadelwald bedeckten Hang."[47]

So wurde neben der genauen Bestimmung der Koordinaten auch die Umgebung rund um die Grenzzeichen sowie zwischen zwei Zeichen beschrieben. Die Richtung, in der sich die beiden nächsten Grenzzeichen befanden, wurde zusätzlich durch in die Grenzsteine eingemeißelte Pfeile ersichtlich gemacht.[48]

46 *Vgl. Tiroler Landesarchiv: Karton 166 „Neuere Grenzakten", 14.4.*

47 *Tiroler Landesarchiv: Karton 166 „Neuere Grenzakten", 14.3.*

48 *Vgl. Tiroler Landesarchiv: Karton 166 „Neuere Grenzakten", 14.4.*

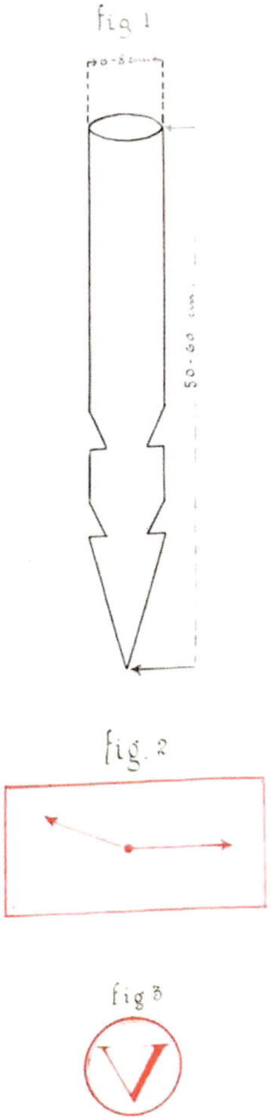

Skizze in einer Weisung an die Unterkommissäre: Fig. 1 beschreibt Größe und Form des Grenzsteins, Fig. 2 die Pfeile für die Bestimmung der Grenzsteine in der Nähe und Fig. 3 zeigt, dass in der Nähe befindliche größere Steine mit einem ,V' markiert werden sollen, damit der Grenzstein besser gefunden werden kann.

Herausforderungen während der Grenzziehung

Während der Grenzziehung stieß der Grenzregelungsausschuss immer wieder auf verschiedene Probleme und Schwierigkeiten, die die Arbeiten verzögerten und teilweise erschwerten. Darüber hinaus hatte die österreichische Delegation auch mit den knappen finanziellen Mitteln und den schwierigen Arbeitsbedingungen im Hochgebirge zu kämpfen.

Die vorgezeichneten Grenzen des Vertrags von Saint-Germain entsprachen in mehreren Fällen nicht den wirtschaftlichen Interessen der Gemeinden – Verzögerungen waren die Folge. Begrüßt wurden die Anstrengungen des französischen Delegierten Major Rouget und des englischen Delegierten Oberst Behrens, die öfter in die Täler zu den Menschen fuhren, um sich ihre Sicht der Dinge anzuhören und sich ein eigenes Bild der deutschen Kultur und Eigenart zu machen.[49] Am Ende nützen diese Bemühungen den meisten Grenzgemeinden und -bewohnern aber nicht viel ... Denn auch, wenn zu Beginn der Grenzziehung immer wieder betont wurde, dass neben den Grenzgemeinden auch Privatpersonen ihre Wünsche der Kommission mitteilen konnten, um vor allem eine Zerstückelung von Grundstücken und Besitzungen zu vermeiden[50], wurden die Wünsche der Einwohner meist nicht respektiert. Wie sich im weiteren Verlauf dieses Kapitels noch herausstellen wird, war das Wohl des Einzelnen meist weniger Wert als das eines ganzen Landes.

Im Folgenden wird nun auf einige Probleme während der Grenzziehung näher eingegangen. Im Fokus stehen dabei die Auswirkungen auf die Bevölkerung sowie die Berichterstattung der örtlichen Zeitungen.

49 *Vgl. „Alpenland" vom 14.09.1920, S. 4, abrufbar unter: digital.tessmann.it*

50 *Vgl. „Südtiroler Landeszeitung" vom 18.08.1920, S. 3, abrufbar unter: digital.tessmann.it*

Bei der Arbeit.

Brennergrenze

Der Brennerpass galt schon vor der Grenzziehung als wichtiger Alpenübergang und war somit ein strategisch sehr bedeutender Grenzpunkt für Italien. Im Geheimvertrag von London aus dem Jahre 1915 wurde er als natürliche geographische Grenze Italiens bezeichnet und den Italienern zugesichert.[51]

51 *Vgl. Egger: Die Teilung Tirols nach dem Ersten Weltkrieg, S. 87–88.*

Im Vertrag von Saint-Germain wurde er zwar nicht mehr namentlich erwähnt, jedoch wurde durch die Formulierung „die Linie der Wasserscheide zwischen den Becken des Inn im Norden und der Etsch im Süden“[52] auf diesen strategisch sehr wertvollen Grenzpunkt hingewiesen.

52 *Der Staatsvertrag von Saint-Germain-en-Laye, Artikel 27, abrufbar unter https://www.versailler-vertrag.de/svsg/svsg-i.htm, zuletzt abgerufen am 19.12.2023.*

Der Brennerpass zur Zeit der Grenzziehung.

Ortschaft Brenner Richtung Süden, links das Bahnhofsgebäude.

Durch die recht vage Beschreibung der Grenzlinie am Brenner, die sich nur auf den Verlauf der Wasserscheide bezog, stellte sich nun zu Beginn der Grenzregelungsarbeiten die Frage, inwieweit die Gemeinde Brenner Österreich oder Italien zufallen sollte. Bereits im Juli 1919 wandte sich der Gemeinderat von Brenner an die italienische Regierung und brachte die Bitte vor, dass die Gemeinde nicht geteilt werden solle.[53] Der Brenner wurde wegen seiner äußerst attraktiven Lage und der Funktion als zentraler Alpenübergang nun zu einem heiß umstrittenen Grenzpunkt, den jedes Land für sich beanspruchen wollte.

53 *Vgl. Egger: Die Teilung Tirols nach dem Ersten Weltkrieg, S. 88.*

Ein früher Bericht der österreichischen Delegation stellte fest, dass die Wasserscheide die Gemeinde zweiteile:[54]

> *„Die Zuweisung des gesamten Gebietes der Gemeinde Brenner an einen oder den andern der beiden interessierten Staaten ist sowohl nach dem Wortlaute des Friedensvertrages, weil hier Grenzlinie durch die Wasserscheide genau bezeichnet und nicht erst im Terrain zu bestimmen ist, als auch nach der Instruktion unzulässig, welche derartige Änderungen nur dann gestattet, wenn es sich um Fälle von geringer Bedeutung handelt, was jedoch hier nicht zutrifft. Die Wasserscheide muss vielmehr als Grenzlinie angesehen und respektiert werden."*[55]

54 *Vgl. Tiroler Landesarchiv: Karton 166 „Neuere Grenzakten", 14.2.1.*

55 *Ebd.*

Auch wurde die Behauptung aufgestellt, dass der Großteil der Gemeinde südlich der Wasserscheidelinie liegen würde. Österreich wollte demnach unter folgenden drei Bedingungen die gesamte Gemeinde Italien überlassen: die Bergwiesen am Südhang des Sattelberges – die sechs Grieser Bewohnern gehörten – verbleiben bei Österreich, freier Zutritt zum Bahnbetrieb für österreichische Bürger, die Wahrung der Wegrechte für den Weg Landshuter Hütte–Kraxentrager und den Kammweg zum Wolfendorn sowie freie Begehbarkeit des Weges von der Landshuter Hütte zum Pfitscherjoch.[56]

Dies wurde am 7. September 1920 der Botschafterkonferenz in Paris mitgeteilt, jedoch kurz darauf, am 16. September, wieder revidiert, da plötzlich behauptet wurde, dass der Bahnhof und die Ortschaft Brenner nördlich der Wasserscheide liegen würden. Nun wollte Österreich natürlich das Gebiet für sich beanspruchen und bot Italien dafür Kompensationen an.[57]

Im nächsten Schritt galt es nun den Verlauf der Wasserscheide genau zu bestimmen. Unterkommissär Lambichler, der für den Grenzabschnitt B zuständig war, veranlasste eine präzise Untersuchung der Wasserscheidelinie, die mit 1. Dezember 1920 unterschrieben wurde. Das zwanzigseitige Dokument umfasst neben verschiedenen technischen und topografische Untersuchungen und Analysen von Plänen, Bauprofilen und der älteren Literatur auch Zeugenaussagen der örtlichen Bevölkerung.[58] Einer der befragten Zeugen sagte aus, dass die Rinnsale der Wasserscheide, die nach Süden führten, künstlich angelegt wurden und dass die ursprüngliche Wasserscheide Richtung Norden führte. Auch wurde das Wasserbett öfters manuell gereinigt und dadurch eine künstliche Anschüttung des Gesteins bewirkt. Wohin sich der Eisack seinen Weg ohne dieses künstliche Eingreifen gebahnt hätte, konnte nun niemand mehr rekonstruieren. Die Zeugen sagten aber übereinstimmend aus, dass der Abfluss der Wasserscheide sich nicht geändert hatte und immer noch gegen Norden floss.[59]

Die Untersuchung ergab Folgendes:

> *„Der höchste Punkt der Sattelsohle [kann] nirgends wo anders als in der Nähe des Wächterhauses am Südteil des Brenner-Bahnhofes liegen [...] und [...] durch diesen Punkt [geht] die Wasserscheide hindurch [...]“*[60]

Laut dieser Abhandlung würde die Wasserscheide die Gemeinde Brenner „in der gerechtesten Weise teilen“[61], der Bahnhof würde noch bei dem österreichischen Teil verbleiben.[62]

Trotz dieser recht eindeutigen Untersuchung konnten sich die Delegierten aber nicht einigen. Schließlich stimmten alle der Aussage des englischen Vertreters Behrens zu, dass der genaue Verlauf der Wasserscheide durch die vielen im Laufe der Zeit vorgenommenen Grabungen und Bauten nicht mehr feststellbar sei[63] – dies stand aber im Gegensatz zu Lambichlers

56 *Vgl. Tiroler Landesarchiv: Karton 166 „Neuere Grenzakten“, 14.2.1.*

57 *Vgl. Egger: Die Teilung Tirols nach dem Ersten Weltkrieg, S. 90.*

58 *Vgl. Privatarchiv Efrem Oberlechner: Protokoll Untersuchung Wasserscheidelinie, S. 20.*

59 *Vgl. Privatarchiv Efrem Oberlechner: Protokoll Untersuchung Wasserscheidelinie, S. 16–19.*

60 *Ebd., S. 19.*

61 *Ebd.*

62 *Vgl. Ebd.*

63 *Vgl. „Alpenland“ vom 23.03.1921, S. 2., abrufbar unter: digital.tessmann.it*

Die fünf Delegierten der Grenzregelungskommission beim Lokalaugenschein am Brenner. Wo die Grenze nun gezogen werden musste, sollte sie noch einige Zeit beschäftigen.

Ergebnissen, die eindeutig festhielten, dass sich der Verlauf der Wasserscheide im Laufe der Zeit trotz der Bauten nicht geändert hatte ...[64]

Aus einer der vielen Weisungen an die Unterkommissäre lässt sich vernehmen, dass von dem Verlauf der Wasserscheide dann abgegangen werden konnte,

> *„wenn diese Linie sich als zu kompliziert erweist, oder wenn sie hinsichtlich der lokalen ökonomischen Interessen einer vernünftigen Lösung widerspricht. [...] In jenen Strecken, wo die Terrainbeschaffenheit eine augenscheinliche Wasserscheidelinie nicht erkennen läßt, das heißt, wo die Linie der Wasserscheide keine ausgesprochen zutage tretende, auch für den Laien sichtbare Scheidelinie bildet, werden die Herren Unterkommissäre bevollmächtigt, sich gegenseitig ins Einvernehmen zu setzen, um von einem Grenzzeichen zum anderen eine geradlinige Grenzlinie zu schaffen, welche die Mittellinie aller durch die tatsächliche Wasserscheide gebildeten Ausbuchtungen darstellt.“*[65]

Am 17. Februar 1921 bekam die Kommission von der Pariser Botschafterkonferenz die Instruktion, dass sie durch Mehrheitsbeschluss eine neue Trasse bestimmen durfte, die von der allgemeinen im Friedensvertrag bestimmten Grenzlinie nicht wesentlich abweichen durfte und die örtlichen wirtschaftlichen Verhältnisse berücksichtigen sollte. Daraufhin einigte sich die Kommission darauf, dort, wo die Wasserscheide noch erkennbar war, diese als Grenzlinie anzusehen, und ansonsten den Besitzgrenzen zu

64 *Vgl. Privatarchiv Efrem Oberlechner: Protokoll Untersuchung Wasserscheidelinie, S. 18–19.*

65 *Tiroler Landesarchiv: Karton 166 „Neuere Grenzakten“, 14.2.1.*

Blick vom Brenner Richtung Kerschbaumer.

folgen.[66] In der Kommissionssitzung am 11. März 1921 ging es um die Klärung der Staatszugehörigkeit eines letzten kleinen umstrittenen Gebietsteils – Grundstücke von 7,5 Hektar im Osten und 2 Hektar im Westen –, das dem „Kerschbaumer" (Alois Strickner) gehörte. Diese Grundstücke sollten geteilt werden, da die Grenzlinie durch sie hindurch lief. Der englische Delegierte Behrens verlangte nach einer schnellen Lösung dieser letzten Fragen und bat den österreichischen Delegierten Bernhard um die Erläuterung der Nachteile, die die Teilung der Grundstücke für Alois Strickner mit sich bringen würde. Bernhard erklärte jedoch, dass er zu wenig landwirtschaftliche Kenntnisse besitzen würde und über den Besitz des Herrn Strickner zu wenig informiert sei, um angemessene Argumente vorbringen zu können, bestand aber darauf, seinen Vorschlag zum Grenzverlauf anzunehmen, wonach die Grundstücke nicht geteilt werden sollten. Der italienische Delegierte Pariani erklärte daraufhin, dass der Besitzer sich durch die Teilung seiner Grundstücke in derselben Lage befinden würde, wie alle Bewohner, deren Besitz geteilt werde, und dass es sich hier nur um geringe Interessen einer einzelnen Person handeln würde, die im Gegensatz zu denen einer ganzen Gegend stehen. Auf einem der besagten Felder sollte in naher Zukunft die Bahnhofsanlage erweitert werden.[67]

Anhand der Aussage des italienischen Delegierten wird deutlich, dass die Bedürfnisse einzelner Personen während der Grenzziehung nicht selten vernachlässigt wurden. Es scheint, dass Italiens Fokus auf einer maximalen Gebietsvergrößerung lag. Pariani argumentierte, dass sich Alois Strickner „in derselben Lage befinden würde [...] wie alle Bewohner[,] deren Besitz an und jenseits der Grenze gelegen ist[,] und dass in diesem Falle er sich sogar in einer besseren Lage befinde als manch andere[r] Bewohner, da es sich ja um eine ganz kleine Parzelle handle"[68]. Diese Erklärung relativiert zwar Strickners Situation im Vergleich zu anderen, greift jedoch zu kurz, um die Schwere des Verstoßes zu rechtfertigen. Auch wenn die Grundstücke für die Bahnhofserweiterung gebraucht wurden, entschuldigt dies nicht den Verstoß gegen den zuvor gefassten Beschluss, dass sich die

66 Vgl. „Alpenland" vom 23.03.1921, S. 2., abrufbar unter: digital.tessmann.it

67 Vgl. Tiroler Landesarchiv: Karton 166 „Neuere Grenzakten", 14.2.1.

68 Tiroler Landesarchiv: Karton 166 „Neuere Grenzakten", 14.2.1.

Kurz vor der definitiven Festlegung der Grenze am Brenner, aufgenommen im Weiler Kerschbaum.

Grenzziehung an den Grundstücksgrenzen orientieren solle. Dies zeigt die Priorisierung nationaler Interessen gegenüber den Bedürfnissen einzelner Personen, selbst wenn dies unter dem Vorwand des „größeren Wohls“ geschah. Besonders spannend ist in diesem Zusammenhang auch, dass der italienische Delegierte Pariani rund ein halbes Jahr vorher in einem Gespräch mit der „Südtiroler Landeszeitung“ explizit angekündigt hatte, dass neben dem Wohl der Grenzgemeinden auch die Wünsche und Bedürfnisse von Privatpersonen eine große Rolle spielen würden und eine unnötige Zerstückelung von Grundstücken sowie deren unnötige Einverleibung in den italienischen Staat möglichst vermieden werden sollten.[69] Pariani hatte wohl innerhalb weniger Monate seine Ansichten zu dieser Frage radikal verändert …

Schlussendlich wurde trotz der Meinungsverschiedenheiten eine Einigung erzielt, die dem Vorschlag des italienischen Delegierten entsprach. Über den Grenzverlauf an der Parzelle 177/2, die im Zusammenhang mit dem Bahnhofsgebiet stand, sollte innerhalb von drei Monaten eine Vereinbarung getroffen werden. Bis dahin blieb der Bahnhof unter italienischer Führung.[70]

In der Sitzung vom 7. September 1921 wurden die Ergebnisse des Zusammentreffens vom 11. März nochmals bestätigt bzw. abgeändert. Anschließend wurde die Grenze detailliert festgelegt[71] und trat mit 1. Jänner 1922 in Kraft.[72] Die Ortschaft Brenner mit der Kirche, dem Gasthaus Post und dem Pfarrhof sowie der Bahnhof Brenner lagen demnach auf italie-

69 *Vgl. „Südtiroler Landeszeitung“ vom 18.08.1920, S. 3, abrufbar unter: digital.tessmann.it*

70 *Vgl. Tiroler Landesarchiv: Karton 166 „Neuere Grenzakten“, 14.2.1.*

71 *Vgl. Tiroler Landesarchiv: Karton 166 „Neuere Grenzakten“, 14.2.1.*

72 *Vgl. „Tiroler Grenzbote“ vom 15.02.1922, S. 1., abrufbar unter: digital.tessmann.it*

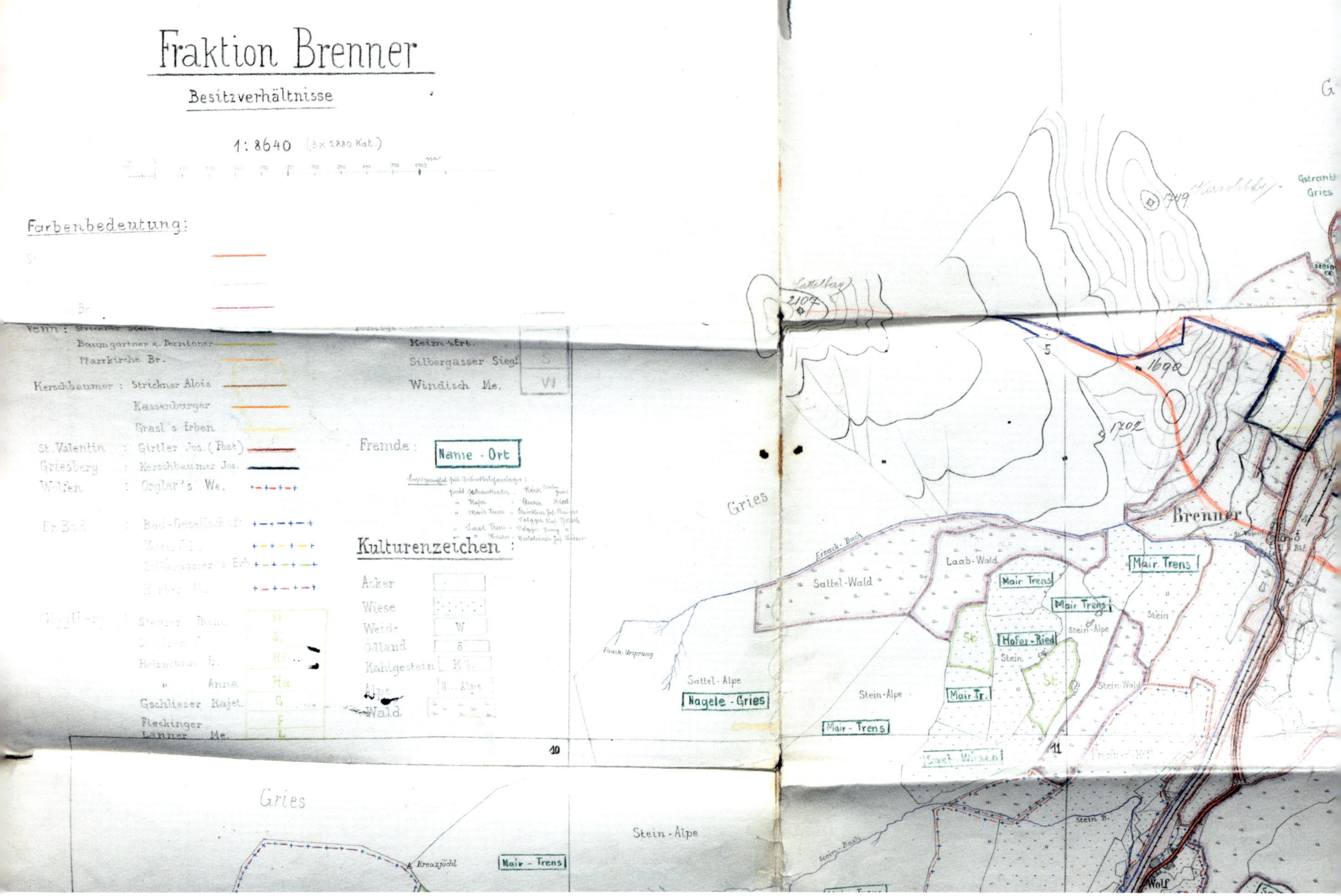

Darstellung der Besitzverhältnisse am Brenner. Spannend: Die eingezeichnete Staatslinie führt sowohl durch den Bahnhof als auch am Kerschbaumer-Anwesen vorbei – sie wurde nachträglich also angepasst, da man ursprünglich von einer Teilung des Ortes ausging.

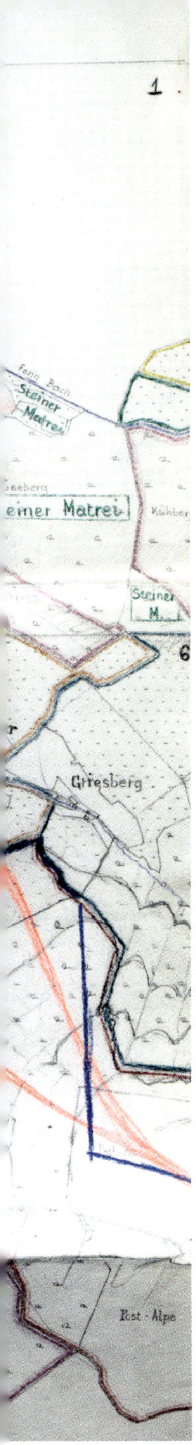

nischem Gebiet – den österreichischen Bewohnern wurde aber der Zugang zum Bahnhof Brenner gewährt.[73] Die knapp nördlich des Bahnhofs gelegene Häusergruppe mit dem Kerschbaumer-Wirtshaus wurde zur ersten Ansiedlung auf österreichischem Gebiet. Auch das Brennertal mit dem Aufstieg zur Landshuter Hütte verblieb bei Österreich. Westlich des Brennerpasses verlief ab nun die Grenze bis zum Kreuzjoch (Kote 2264) und östlich davon bis zum Wolfendorn (Kote 2775).[74]

Den Grieser Bewohnern, die auf italienischem Staatsgebiet Grundstücke besaßen, wurden nun aber zum Glück Erlaubnisscheine für die Grenzüberschreitung während der Heumahd ausgestellt, damit sie ihre tägliche Arbeit verrichten konnten.[75]

Der Brenner war besonders während der Jahre der Grenzziehung häufig Gegenstand der italienischen Propaganda. So berichtete die Zeitung „Alpenland“ am 14. Jänner 1921, dass sich Trient nun als „Wächter und Hüter des Einbruchtores im Norden“[76] ausgäbe und die Frage der Brennergrenze wieder aufrollte, während sich Tirol im Herbst 1920 mit der offiziellen Erklärung zufriedengab, dass die Verhandlungen noch nicht abgeschlossen seien und im Frühjahr 1921 wieder aufgenommen werden sollten. Das Organ der Trienter Nationalen ließ die Aufforderung verlauten, Material über den Brenner und seine Geschichte zu sammeln. Bereits 1918 wurde dem Pass auffallend viel Aufmerksamkeit zuteil, als dort Vermessungen vorgenommen und die Seitentäler besetzt wurden.[77] „Das Programm fino al Brennero soll [somit] durch die radikalen Trientiner eine neue Auslegung erhalten auf der Basis [der Informationen] über den Brenner.“[78]

Auch behauptete die Trentiner Presse, die Bewohner der Gemeinde Brenner hätten sich für die Einverleibung in den italienischen Staat eingesetzt, was aber eine Unwahrheit darstellt.[79] Hier wurde die oben bereits beschriebene Bitte der Gemeinde, diese nicht entzwei zu teilen, absichtlich verdreht.

73 *Vgl. Egger: Die Teilung Tirols nach dem Ersten Weltkrieg, S. 91.*

74 *Vgl. Egger: Die Teilung Tirols nach dem Ersten Weltkrieg, S. 91.*

75 *Vgl. Tiroler Landesarchiv: Karton 166 „Neuere Grenzakten“, 14.4.*

76 *„Alpenland“ vom 14.01.1921, S. 3., abrufbar unter: digital.tessmann.it*

77 *Vgl. „Alpenland“ vom 14.01.1921, S. 3., abrufbar unter: digital.tessmann.it*

78 *Ebd.*

79 *Vgl. „Ebd.*

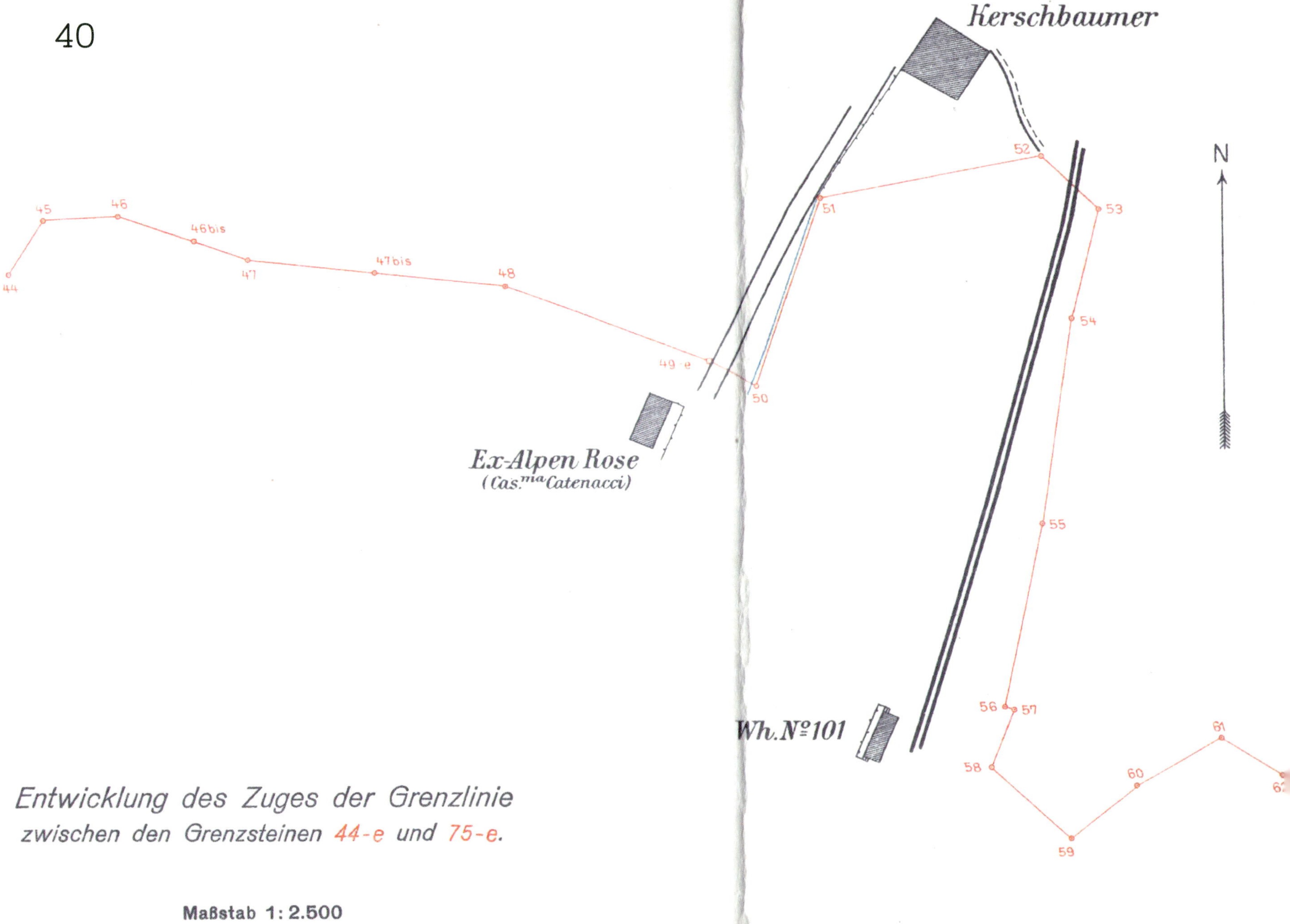

Die neu markierte Grenzlinie am Brenner.

e-56.

A.

(Passo d. Br. ....)

Das Gz. e=56 befindet sich auf dem Grunde Brenner=Passes u.z. am oestl. Rande des Planums des Bahnhofes der Station Brenner. An diesem Punkte nimmt die Grenzlinie, welche vom Gz. e=53 zum Gz. e=56 gegen S. verlief die Richtung gegen O. an und senkt sich auf der niederen Böschung, welche den Bahn=körper im O. begrenzt, zum Gz; e=57, welches gleich am Fusse derselben Böschung sich befindet.

Das Gz; e=56 ist vom Hauptgleis Nr. 1: 26^m entfernt.

B.

Die Grenzlinie zwischen beiden Grenzzeichen ist durch ihre gerade Verbindung bestimmt. Sie senkt sich über die niedere, grasige Böschung, welche den Bahnkörper in O; begrenzt, zum folgenden Gz. e=57 .=

Im Abschnitt zwischen den Gz. e-53 u. e-57 teilt die Grenzlinie den Terrainstreifen des Bahn=grundes auf dem Brenner-Passe in zwei Teile, von welchen der westliche Teil zu Italien, der östliche Teil zu Österr. gehört. —

e-57

A.

Das Gz. e= 57 befindet sich auf dem Grunde des Brenner-Passes .(..... ....) u.z. am Fusse der niederen Böschung,welche den Bahnkörper im O. abgrenzt.

B.

Die Grenzlinie zwischen beiden Gz. ist durch ihre gerade Verbindung bestimmt. Sie verläuft auf ebenem Boden längs des Fusses der niederen Böschung, welche den Bahnkörper im O. begrenzt und ist zugleich Besitzgrenze zwischen dem Bahngrund und der Grund-Parzelle Nr.170 (.Gdh.)

CIPPO № e-59.

e-58

A.

Das Gz. e=58 befindet sich auf dem Grunde des Brenner-Passes (P.d.Br.) u.z. am Fusse der niederen Böschung, welche den Bahnkörper im O. abgrenzt.

An dieser Stelle verlässt die Grenze den Fuss der Böschung und die bisherige Richtung indem sie gegen S.O. zum folgenden Gz. e=59 weiterzieht.

B.

Die Grenzlinie zwischen beiden Gz. ist durch ihre gerade Verbindung bestimmt. Sie verlauft auf ebenem, kultivierten Boden und bezeichnet zugleich die Bezitsgrenze zwischen den Grund-Prazellen Nr. 170 (Oesterr.) und 177/2 (Ital.) .-

e-59

A.

Das Gz. e-59 befindet sich am Ostrande des Grundes des Brenner-Passes (..................), wo das Terrain gegen die "Geige" (l. Posta) anzusteigen beginnt.

Das Gz. e-59 ist der südlichste Punkt der Grenzlinie auf dem Grunde des Brenner-Passes(..............) und bezeichnet zugleich den gemeinsamen Punkt von drei Grund-Parzellen und zwar Nr. 157 und 177/2 (Ital) und Nr.170(Oesterr.)

Beim Gz. e-59 ändert die Grenzlinie die bisherige Richtung indem sie gegen N.O. zum folgenden Gz. e-60 weiterzieht.

B.

Die Grenzlinie zwischen beiden Gz. ist durch ihre gerade Verbindung bestimmt. Sie steigt sanft auf grasigem Boden, längs des steilen Fusses des zur "Geige" aufsteigenden Abhanges, zum folgenden Gz.e-60 an.

Dieses Grenzstück ist zugleich Besitzgrenze zwischen der Grund-Parzelle Nr. 170 (Oestr.) Nr.157 (Ital.)

e-60

A.

Das Gz. e-60 befindet sich am O.-Rande des Grundes des Brenner-Passes (...P. d. Br. .....) auf einem kleinen, flachen Rücken, mit welchem der steile, grasige Abhang, der von der "Geige" (C. Posta) sich he[illegible]senkt, am Brenner-Grunde endet.

Nahe bergwärts des Gz. weisst der Hang eine kleine deut-liche Rinne auf.

B.

Die Grenzlinie zwischen beiden Gz. ist durch ihre gerade Verbindung bestimmt. Sie verlauft fast eben längs des steilen, grasigen Fusses, des zur "Geige" ansteigenden Hanges. Dieses Grenzstück ist zugleich Besitzgrenze zwischen der Grund-Parzelle Nr.157 (Ital.) und Nr.170 (Oestr.) .-

Die Zeitung „Alpenland“ äußerte sich in der Ausgabe vom 19. August 1922 sehr kritisch über die „willkürlich“ gezogene Grenzlinie am Brenner, die „an den Zickzackkurs Italiens im Dreibunde“[80] erinnere. Sie bemängelte vor allem, dass der Bahnhof Brenner unrechtmäßig an Italien übergeben wurde und die österreichischen Bürger diesen – entgegen der Beschlüsse der Grenzkommission – nicht ohne Weiteres benutzen konnten. Dazu brauchte man nämlich einen Pass und ein zusätzliches Ticket (neben dem Fahrtticket), das man beim italienischen Konsul in Innsbruck für 5–15 Lire pro Fahrt erwerben konnte. Überdies war es „unwürdig, unwirtschaftlich und unhaltbar“[81], dass ein Bewohner der Brennerhöfe auf österreichischem Staatsgebiet, der nach Innsbruck wollte, eineinhalb Stunden laufen musste, um zum Bahnhof Gries zu gelangen, anstatt einfach zum Brennerbahnhof zu gehen, wofür in etwa 200 Schritte benötigt wurden.[82]

Die Brennerfrage entwickelte sich zum zentralen Brennpunkt der Grenzziehung. Die Unsicherheiten bezüglich der Wasserscheide und die daraus resultierenden politischen Streitigkeiten taten ein Übriges, um die Gemüter zu erregen.

80 *„Alpenland“ vom 19.08.1922, S. 4., abrufbar unter: digital.tessmann.it*

81 *„Alpenland“ vom 19.08.1922, S. 4., abrufbar unter: digital.tessmann.it*

82 *Vgl. Ebd.*

Nach intensiven, mehrere Jahre andauernden Verhandlungen und Überlegungen zur Gemeindeteilung wurde letztendlich eine Einigung gefunden. Ob dies nun gänzlich die wirtschaftlichen und territorialen Interessen beider beteiligter Staaten widerspiegelte, bleibt jedoch fraglich.

Parianis Argumentation in Bezug auf die Teilung des Kerschbaumer-Grundstücks zeigt die problematische Tendenz Italiens, individuelle Anliegen als unwesentlich gegenüber den größeren geopolitischen Interessen zu betrachten. Die Bedürfnisse einzelner Personen wurden dem Streben nach territorialer Maximierung geopfert, unter dem Vorwand des „größeren Wohls“ für die Nation.

Der Brennerpass, ein symbolisch wichtiger Ort, bleibt bis heute Zeuge dieser komplexen Geschichte.

> *„Es fällt nicht schwer, nachzuvollziehen, dass diese Grenze und der Grenzstein bis heute eine tragende und symbolisch wichtige Rolle spielen. Denn hier fanden [...] und finden immer wieder Veranstaltungen mit politischer Intention statt.“*[83]

83 *Egger: Die Teilung Tirols nach dem Ersten Weltkrieg, S. 92.*

84 *Vgl. „Volkszeitung“ vom 14.01.1922, S. 12, abrufbar unter: digital.tessmann.it*

Die feierliche Einweihung des Grenzsteins am Brenner im September 1921. Das ungenierte Betreten des österreichischen Bodens resultiert aus der widerrechtlichen Besetzung eines ein Kilometer langen Gebietsstreifens hinter der Grenze, die von 1919 bis 1922 andauerte. Den österreichischen Soldaten war es während dieser Zeit untersagt, diesen Teil ihrer Heimat zu betreten.[84]

Der Reschenpass – einer der neuen Übergänge zwischen Österreich und Italien nach dem Ersten Weltkrieg.

Blick auf das Dorf Reschen mit dem Reschensee.

Reschenpass

Laut Vertrag von Saint-Germain sollte die Grenzlinie am Reschen folgendermaßen verlaufen:

> *„Von der Kote 2645 (Gruben-J.) ostwärts bis zur Kote 2915 (Klopaier Spitze): eine im Gelände noch zu bestimmende Linie, die über die Kote 1483 verläuft, welche sich auf der Straße von Reschen nach Nauders befindet."*[85]

In der Sitzung des Grenzregelungsausschusses am 14. Oktober 1920 traf man die Entscheidung, dass die neue Grenze ident mit der Gemeindegrenze zwischen Reschen und Nauders sein sollte.[86] Sie liegt demnach rund einen Kilometer nördlich der ursprünglich im Vertrag von Saint-Germain festgelegten Linie, die ja eigentlich zwischen dem Grubenjoch und der Klopaier Spitze hätte verlaufen sollen. Die Gemeinde Reschen befindet sich nun gänzlich auf italienischem Staatsgebiet und die Gemeinde Nauders auf österreichischem. Das erwies sich als vorteilhafter, weil dadurch keine Gemeindegebiete abgetrennt und keine Parzellen durchschnitten wurden – anders als beispielsweise am Brenner. Dies berichtete auch die „Neueste Morgenzeitung" vom 26. Oktober 1920 und ließ zusätzlich verlauten, dass diese Grenzziehung ganz den Wünschen der Gemeinde Nauders entspräche.[87]

85 *Der Staatsvertrag von Saint-Germain-en-Laye, Artikel 27, abrufbar unter https://www.versailler-vertrag.de/svsg/svsg-i.htm, zuletzt abgerufen am 19.12.2023.*

86 *Vgl. Egger: Die Teilung Tirols nach dem Ersten Weltkrieg, S. 85–86.*

87 *Vgl. „Neueste Morgenzeitung" vom 26.10.1920, S. 1, abrufbar unter: digital.tessmann.it*

Der Grenzstein am Reschenpass.

In den Medien wurde das gesamte Prozedere der Grenzziehung natürlich mit Spannung verfolgt. Nicht selten kam es dabei zu irreführenden Meldungen und falschen Darstellungen der Ereignisse. Ein spannendes Beispiel dafür ist ebendiese verschobene Grenzlinie zugunsten Italiens am Reschen.

In den italienischen Zeitungen wurde in den Grenzziehungsjahren immer wieder Hetze gegen die Deutschsüdtiroler betrieben. Unter der Überschrift „[Italia] fino al Brennero“[88] wurden alle Kräfte gebündelt, um Südtirol als ein durch und durch italienisches Land darzustellen. Auch in den Friedensverhandlungen von Saint-Germain wurde von Italien die Mär verbreitet, dass die Mehrzahl der Bewohner Südtirols Italienisch spräche und die natürliche Grenze Italiens im Norden über den Brenner führe.[89]

Die „Südtiroler Landeszeitung“ führte am 18. August 1920 ein Interview mit dem italienischen Delegierten des Grenzregelungsausschusses Alberto Pariani, in dem er über eine glänzende Zukunft Südtirols sprach und betonte, dass die bestehenden Konflikte zwischen Südtirol und Italien schon bald zum gegenseitigen Vorteil schwinden würden.[90] Die Zeitung merkte dazu Folgendes an:

„Wir zweifeln auch nicht daran, daß, wenn alle Stellen, besonders in Trient, von denselben Gefühlen geleitet wären, wie Herr Oberst Pariani [...] ein Zusammenarbeiten zwischen Deutschen und Italienern auf dem Boden der durch den Zwang des Friedensvertrages geschaffenen Tatsachen möglich wäre. Solange aber von Trient

88 *„Alpenland“ vom 19.08.1922, S. 4, abrufbar unter: digital.tessmann.it*

89 *Vgl. „Lienzer Nachrichten“ vom 31.03.1920, S. 1, abrufbar unter: digital.tessmann.it*

90 *Vgl. „Südtiroler Landeszeitung“ vom 18.08.1920, S. 3, abrufbar unter: digital.tessmann.it*

aus, sei es direkt oder durch reichsitalienische Zeitungen, wie die ‚Idea Nazionale', immer nur gegen das deutsche Element gehetzt wird, ist es natürlich ausgeschlossen, ein friedliches und gedeihliches Zusammenleben zu schaffen, da wir unsere heiligsten und kulturellen Güter, wenn es sein muß, auch im härtesten Kampfe verteidigen müssen und werden […]"[91]

In Anbetracht dessen ist es nicht verwunderlich, dass auch der Reschen Ansporn für erneute Verzerrungen der Realität wurde.

Die Zeitung „Alpenland" berichtete in der Ausgabe vom 14. September 1920, mehrere italienische Blätter hätten die Information verbreitet, dass einige Gemeinden – die laut Friedensvertrag bei Österreich verbleiben sollten – an die Grenzregelungskommission den Antrag gestellt hätten, in den italienischen Staat einbezogen zu werden. Dies sei aber eine totale Verdrehung der Tatsachen: Da die vage Grenzziehung, die im Friedensvertrag bestimmt wurde, die wirtschaftlichen Interessen der einzelnen Gemeinden nicht widerspiegelte, hätte die Grenze – wie oben bereits ausgeführt – die Gemeinde Reschen teilen sollen. Um eine unnötige Teilung von Parzellen und Gemeindegebiet zu vermeiden, wurde der Antrag gestellt, von dieser Teilung abzusehen und stattdessen auch das kleine Stück, das bei Österreich hätte verbleiben sollen, in das italienische Gebiet einzubeziehen.[92] „Dies ist der wahre Sachverhalt, der von den Italienern sofort zu einem begeisterten Anschlußgesuch von ganzen Gemeinden an Italien umgewandelt wurde."[93]

Die Verschiebung der Grenze am Reschenpass wurde von politischer Instrumentalisierung und einer propagandistischen Verzerrung begleitet – wie es während der gesamten Phase der Grenzziehung immer wieder geschah. Die mediale Darstellung dieser Ereignisse verdeutlicht, unter welchem Druck die Bevölkerung Südtirols stand und welche Schwierigkeiten die Grenzkommission zu lösen hatte, um die wirtschaftlichen Interessen der Anrainer angemessen zu vertreten.

91 *„Südtiroler Landeszeitung" vom 18.08.1920, S. 3, abrufbar unter: digital.tessmann.it*

92 *Vgl. „Alpenland" vom 14.09.1920, S. 4, abrufbar unter: digital.tessmann.it*

93 *„Alpenland" vom 14.09.1920, S. 4, abrufbar unter: digital.tessmann.it*

Blick auf den „Draupass", links die italienische Finanzkaserne.

Pustertal

Auch im Pustertal wurde eine umstrittene Grenzlinie geschaffen.
Nach dem Ersten Weltkrieg wurde an der Waffenstillstandslinie auf dem Toblacher Feld zwischen Toblach und Innichen ein provisorischer Schlagbaum errichtet, der aber aus strategischen Gründen nicht dort bleiben sollte. Italien legte der Friedenskonferenz ein Schreiben vor, in dem Ansprüche auf Innichen und Sexten erhoben wurden – der ursprüngliche Orientierungspunkt für die Grenzziehung, nämlich die Hauptwasserscheide zwischen Rienz und Drau, wurde nicht eingehalten. Zwecks besserer strategischer Lage bevorzugten die römischen Vertreter die Engstelle zwischen Winnebach und Arnbach, was von der Friedenskommission abgesegnet wurde.[94]

Der Staatsvertrag von Saint-Germain bestimmte die Grenze im Osten anschließend wie folgt:

> *„[ab] Kote 2545 (Marchkinkele): die Linie der Wasserscheide zwischen den Becken der Drau im Osten und der Etsch im Westen; von dort gegen Südosten bis zur Kote 2483 (Helmspitze): eine im Gelände noch zu bestimmende Linie, welche die Drau zwischen den Ortschaften Winn[e]bach und Arnbach übersetzt […]"*[95]

Der Republik Österreich gingen dadurch sechs Gemeinden verloren, und zusätzlich wurde das Bundesland Tirol zweigeteilt – in Nord- und Osttirol.

94 *Vgl. Egger: Die Teilung Tirols nach dem Ersten Weltkrieg, S. 92–93 und „Alpenland" vom 18.03.1920, S. 5, abrufbar unter: digital.tessmann.it*

95 *Der Staatsvertrag von Saint-Germain-en-Laye, Artikel 27, abrufbar unter https://www.versailler-vertrag.de/svsg/svsg-i.htm, zuletzt abgerufen am 19.12.2023.*

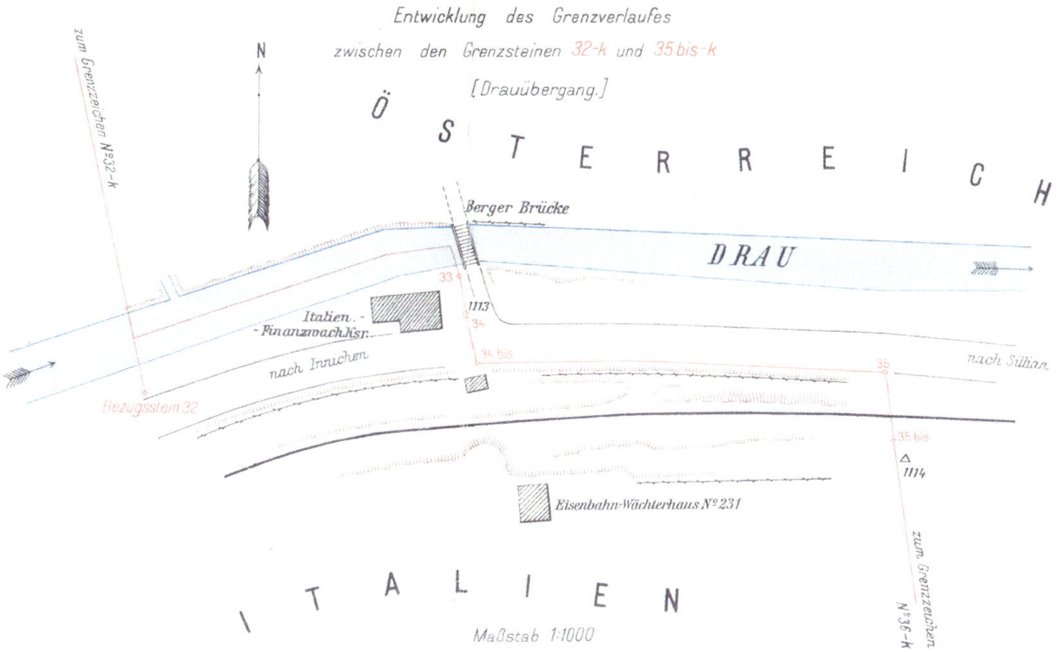

Die Berger Brücke – für den wirtschaftlichen Verkehr sehr wichtig – „durfte" bei Österreich verbleiben.

Erneut musste Österreich einen Gebietsverlust hinnehmen und erwartete sich dafür einen Ausgleich an der neuen Grenze in Kärnten, aber diese Forderung an Italien blieb unbeantwortet.[96]

Durch die abgeschnittene Lage vom Rest Tirols waren auch die Verkehrsbedingungen in Osttirol zu jener Zeit sehr schwierig und wurden durch Einreisebewilligungen zusätzlich erschwert – darauf wird im weiteren Verlauf dieses Buches noch näher eingegangen.[97]

Die „Neueste Morgenzeitung" berichtete am 26. Oktober 1920, dass die neue Staatsgrenze nun vom Marchkinkele dem Lauf der Gemeindegrenze zwischen Innervillgraten und Winnebach und dann der Gemeindegrenze zwischen Winnebach und Arnbach bis zur Helmspitze folge.[98] Weiters wurde über eine kleine Verschiebung der Grenze im Westen zugunsten Österreichs berichtet, „um eine dort bestehende, für den wirtschaftlichen Verkehr wichtige Brücke, die sog. Berger Brücke, noch in das österreichische Gebiet einzubeziehen."[99]

Am 26. August 1921 wurde dann die neue Staatsgrenze von den Gemeinden Winnebach und Arnbach akzeptiert – die zuständigen Vertreter unterschrieben, dass die Unterkommissäre die Vermarkung unter Anwesenheit von Besitzern und Vertretern der Gemeindevorstehungen nach höchster Genauigkeit und unter Beachtung der Katastermappe durchführten und die Gemeinden sich mit der vermarkten Grenze zufrieden erklärten.[100]

Auch diese Grenzziehung im Pustertal war zum wiederholten Male von den politischen und strategischen Überlegungen auf italienischer Seite geprägt, was nicht nur zu erheblichen Gebietsverlusten auf

96 *Vgl. Egger: Die Teilung Tirols nach dem Ersten Weltkrieg, S. 92–93.*

97 *Vgl. „Alpenland" vom 18.03.1920, S. 5, abrufbar unter: digital.tessmann.it*

98 *Vgl. „Neueste Morgenzeitung" vom 26.10.1920, S. 1, abrufbar unter: digital.tessmann.it*

99 *„Neueste Morgenzeitung" vom 26.10.1920, S. 1, abrufbar unter: digital.tessmann.it*

100 *Vgl. Tiroler Landesarchiv: Karton 166 „Neuere Grenzakten", 14.4.*

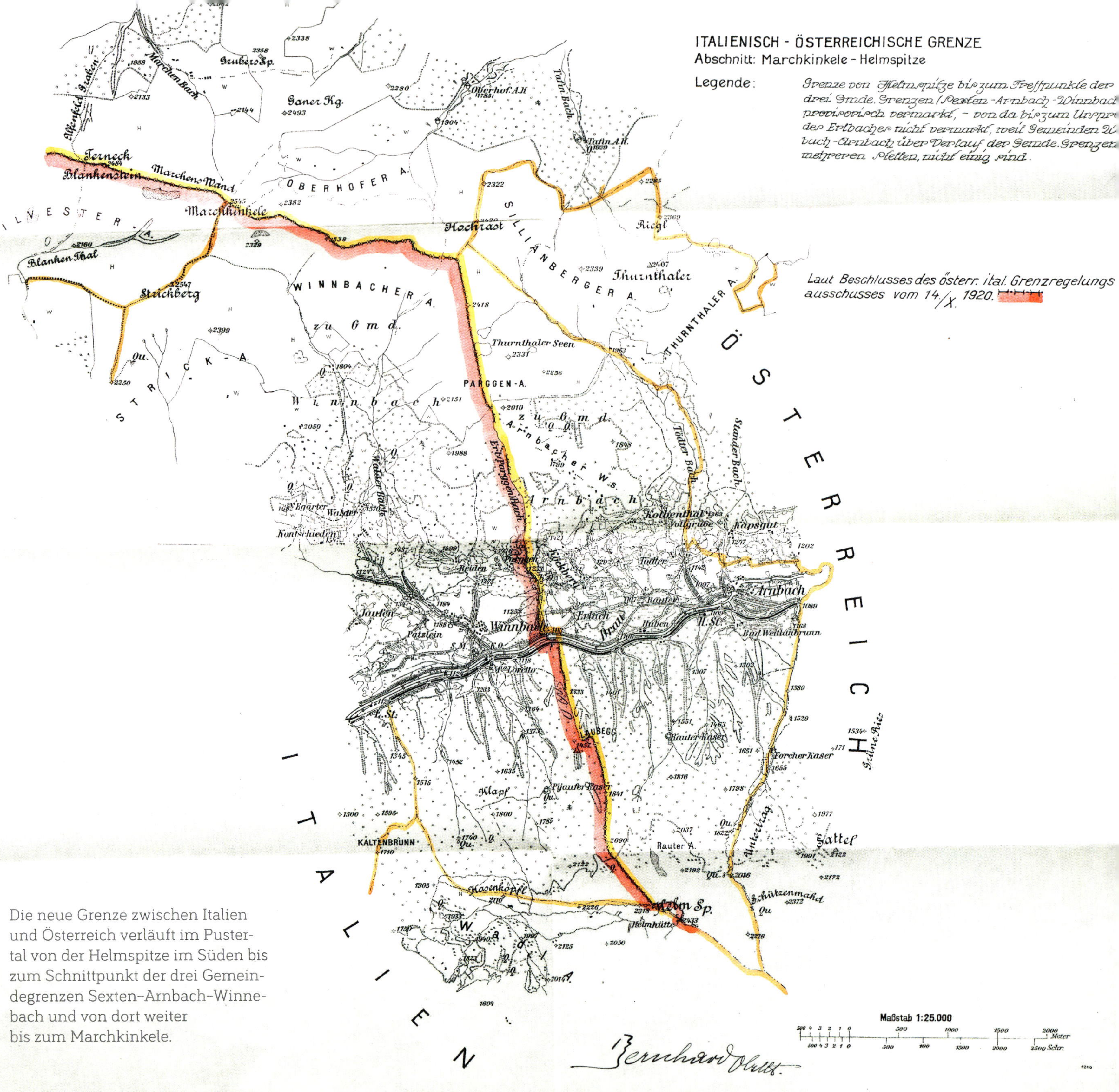

Die neue Grenze zwischen Italien und Österreich verläuft im Pustertal von der Helmspitze im Süden bis zum Schnittpunkt der drei Gemeindegrenzen Sexten–Arnbach–Winnebach und von dort weiter bis zum Marchkinkele.

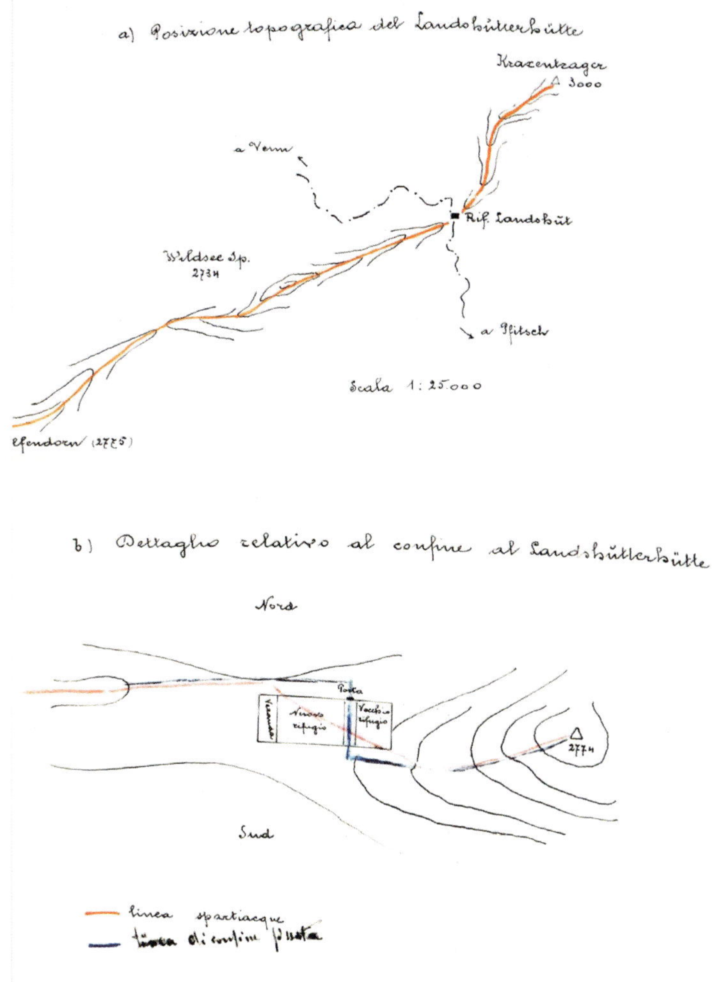

Grobe Skizze der topographischen Position der Landshuter Hütte.

österreichischer Seite und einer Teilung des Bundeslandes Tirol in Nord- und Osttirol führte, sondern auch mit erschwerten Verkehrsbedingungen einherging und den Alltag so zusätzlich erschwerte. Die betroffene Bevölkerung war schon wieder Leidtragende des Expansionsstrebens Italiens.

Landshuter Hütte

Eine bedeutende Herausforderung für den Grenzregelungsausschuss stellte auch die Frage der Staatszugehörigkeit der Landshuter Hütte dar – tatsächlich verläuft die Grenzlinie mitten durch die Hütte, die heute auch Europahütte genannt wird.

Bereits zu Beginn der Arbeiten des Grenzregelungsausschusses war das Interesse an der Hütte vorhanden, und beide Seiten erkannten den Nutzen des touristisch begehrten Hauses. Der österreichische Alpenverein sprach sich für den Erhalt des Schutzhauses zugunsten Österreich aus, da es leicht erreichbar – von Innsbruck aus nur ein Tagesausflug – und auch für ungeübte Wanderer gut zugänglich sei.[101] Wie aus Berichten verschiedener Zeitungen hervorgeht, wurde die Hütte in dieser Anfangszeit der Grenzziehung widerrechtlich von den Italienern besetzt[102], obwohl sie auf jenem Gebiet lag, das nach damaliger Bestimmung der Grenze noch zu Tirol gehörte. Demnach war sie nicht für Touristen zugänglich, was natürlich zu Unmut führte.[103] Die „Südtiroler Landeszeitung" vom 21. Juli 1921 berichtete über folgendes Ereignis:

„Einige Innsbrucker Touristen [unternahmen] eine Tour, [...] um die Landshuterhütte zu besuchen. Der Aufstieg wurde von der üblichen Seite durch das Vennatal unternommen, das noch auf österreichischem Boden gelegen ist. Am Taleingange, im kleinen Orte Venn wurden die Touristen von italienischen Finanzieri angehalten und zurückgewiesen, aber nicht nur dies, sie wurden zum Brigadiere im Orte Brenner geleitet und dort zur Ausweisleistung verhalten und schließlich unter militärischer Begleitung an die Grenze gestellt. Der Besuch des Kraxentragers

---

101 Vgl. Tiroler Landesarchiv: Karton 166 „Neuere Grenzakten", 14.4.

102 Vgl. „Volkszeitung" vom 07.06.1920, S. 6, abrufbar unter: digital.tessmann.it

103 Vgl. „Südtiroler Landeszeitung" vom 21.07.1921, S. 4, abrufbar unter: digital.tessmann.it

und der Landshuterhütte ist also nicht möglich, wenn die Finanzwachleute den Auftrag haben, die Touristen zurückzuweisen."[104]

Auch die „Neueste Zeitung" vom 14. Oktober 1921 berichtete von einem ähnlichen Vorfall, bei dem deutsche Touristen auf dem auf österreichischer Seite gelegenen Weg zur Landshuter Hütte von italienischen Soldaten aufgehalten und anschließend sogar einige Tage lang festgehalten wurden.[105]

Die widerrechtliche Besetzung des Schutzhauses in der frühen Phase der Grenzziehung sowie die folgende Zurückdrängung der Touristen auf dem österreichischen Zugangsweg durch italienische Truppen zeugen von einem Mangel an Kooperation und Respekt zwischen den involvierten Parteien. In den späteren Verhandlungen über die Hütte spielten politische, strategische und touristische Überlegungen eine zentrale Rolle. Die Komplexität und die Herausforderungen, die bei der Festlegung der Grenzen auftraten, wurden erneut deutlich sichtbar.

Unterkommissär Lambichler, der für den Grenzabschnitt B zuständig war – in dem auch die Landshuter Hütte lag –, bekam am 5. Juli 1922 von dem Direktor des Länderzentralbüros Innsbruck, Franz Schumacher, die Anweisung, die ganze Landshuter Hütte unbedingt für Österreich zu gewinnen – und wenn dies nicht möglich sei, dann zumindest einen

Die Landshuter Hütte – heute auch Europahütte genannt – liegt direkt auf der Grenzlinie und war ein begehrtes Gebäude, an dem beide Staaten großes Interesse hegten.

Teil –, da das Land bereits an anderen Orten derbe Verluste erlitten hatte und „der Verlust der Landshuter Hütte als eine neuerliche Verdemütigung vor der unersättlichen Eroberungsgier der Italiener allgemein auf das schmerzlichste empfunden werden [würde]"[106]. Sie sollte eine Kompensation darstellen, unter anderem für die Helmhütte im Pustertal, die komplett Italien zufiel.

Diese Forderung sah der italienische Delegationsleiter Pariani kritisch, da man jedes Problem für sich behandeln müsse, und schlug deshalb eine Teilung der Landshuter Hütte vor.[107]

---

104 „Südtiroler Landeszeitung" vom 21.07.1921, S. 4, abrufbar unter: digital.tessmann.it

105 Vgl. „Neueste Zeitung" vom 14.10.1921, S. 2, abrufbar unter: digital.tessmann.it

106 Tiroler Landesarchiv: Karton 166 „Neuere Grenzakten", 14.4.

107 Vgl. Egger: Die Teilung Tirols nach dem Ersten Weltkrieg, S. 97.

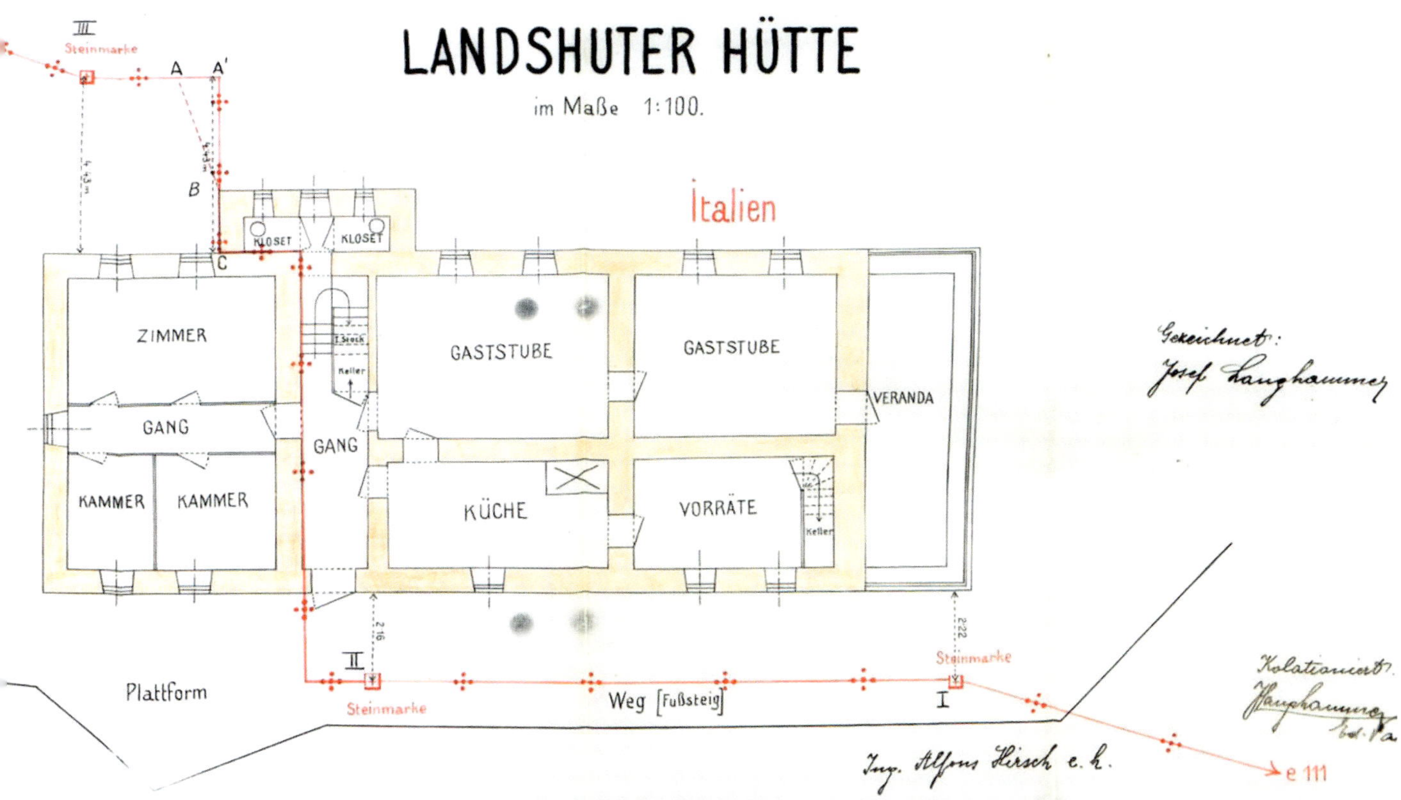

Skizze der Landshuter Hütte und des Grenzverlaufs, gefertigt im Auftrag von Unterkommissär Lambichler.

Daraufhin fertigte Lambichler nach einem Lokalaugenschein eine Skizze der Landshuter Hütte[108] an, worauf erkennbar wurde, dass sich der ältere Teil des Hauses auf österreichischem und der Rest auf italienischem Staatsgebiet befindet. Grund dafür ist der Verlauf der Wasserscheide, entlang welcher die Grenze gezogen wurde – kleine Rinnsale laufen auf der einen Seite in die Etsch und auf der anderen Seite in den Vennbach.[109]

In der Sitzung der Grenzregelungskommission am 11. September 1922 wurde die Frage der Zugehörigkeit der Landshuter Hütte endgültig geklärt und eine Teilung derselben beschlossen:

„Aus dem Umstande, dass 2 Strassen, diejenige aus dem Venner Becken (Österreich) und diejenige aus dem Pfitscher-Becken (Italien) zu diesem Schutzhaus führen und in Anbetracht der Wichtigkeit welche die Touristen ihm beimessen, schlägt der ital. Delegierte vor, dass es zwischen den beiden interessierten Mächten geteilt werde und erachtet er als die beste Art der Teilung die, den östlichen und alten Teil des Schutzhauses an Österreich und den westlichen und neuen Teil an Italien zuzuerkennen. […] Der Fußweg [wird] gemeinsam den zwei interessierten Mächten gehören und […] der Gang und die Treppe [ebenso].“[110]

108 Vgl. Tiroler Landesarchiv: 14.2.1.

109 Vgl. Egger: Die Teilung Tirols nach dem Ersten Weltkrieg, S. 97 und Tiroler Landesarchiv: Karton 166 „Neuere Grenzakten“, 14.2.1.

110 Tiroler Landesarchiv: Karton 166 „Neuere Grenzakten“, 14.2.1.

Aufnahmen vor der Landshuter Hütte: Nach vielen Diskussionen und Gutachten wurden die Besitzrechte schlussendlich geteilt.

Der Delegierte Österreichs nahm diesen Vorschlag an.[111] Am 12. August 1923 begingen die Delegationsleiter, Ing. Othmar Sehrig (Oberstbaurat vom Deutschen und Österreichischen Alpenverein) und der Bevollmächtigte der Sektion „Landshut" Kaufmann Handl die Landshuter Hütte erneut und beschlossen, dass der Gang Italien zufiel. Die Italiener durften außerdem auf österreichischer Seite Wasser und die Österreicher auf italienischer Seite Holz holen und die beiden Gehwege (Wolfendorn–Landshuter Hütte und Landshuter Hütte–Kraxentrager) waren für Italiener und Österreicher frei zugänglich.[112]

Die Landshuter Hütte war für den Grenzregelungsausschuss eine Herausforderung – die Grenze verläuft bis heute mitten durch das Schutzhaus. Das touristische Interesse und der politische Druck waren groß, was schlussendlich zu einer Teilung führte.

Das Schutzhaus in den Zillertaler Alpen verdeutlicht den Weg von rechtswidrigen Besetzungen zu politisch motivierten Lösungen.

111 *Vgl. Tiroler Landesarchiv: Karton 166 „Neuere Grenzakten", 14.2.1.*

112 *Vgl. Egger: Die Teilung Tirols nach dem Ersten Weltkrieg, S. 98.*

Die exakte Vermessung der Grenze nahm viel Zeit in Anspruch.

Weitere Herausforderungen während der Grenzziehung

Die österreichische Grenzdelegation musste nicht nur örtliche und lokal gebundene Problematiken lösen, sondern hatte auch mit allgemeinen Herausforderungen und beschränkten Ressourcen zu kämpfen, die speziell die Arbeitsbedingungen beeinflussten. Im Vergleich zur italienischen Delegation standen ihr weniger finanzielle und personelle Mittel zur Verfügung, was die Arbeit an der Grenze wesentlich beeinflusste. In der Folge werden die wichtigsten Widrigkeiten genauer beleuchtet.

Kompensationsforderungen

Während der gesamten Grenzziehung wurden immer wieder Kompensationen für unrechtmäßig überlassene Gebiete an den jeweils anderen Staat gefordert. Damit sind jene Gebiete gemeint, wo die neue Grenze entgegen der Vereinbarungen im Friedensvertrag zugunsten eines und zum Nachteil eines anderen Landes gezogen wurde. In den vorangegangenen Kapiteln wurden bereits mehrere Beispiele angeführt, in denen es zu solchen Gebietsverlusten für Österreich auf der einen Seite und zu Gebietsvergrößerungen für Italien auf der anderen Seite kam. Kompensationen hat Österreich aber in keinem der genannten Fälle erhalten.

Die österreichische Delegationsleitung schickte am 18. März 1922 einen Brief an die österreichischen Unterkommissäre, in dem sie um eine Auflistung der unrechtmäßig an Italien überlassenen Gebiete bat. Neben Grundstücken sollten auch Gebäude und andere Objekte aufgezählt werden, darunter Kirchen, Schutzhütten, Brücken, Übergänge, Wege und dergleichen. In diesem Schreiben wurde auch angemerkt, dass der italienische Delegierte Pariani den österreichischen Kompensationsforderungen negativ gegenüberstand und sogar betonte, dass Italien noch Kompensationen von Österreich zu erhalten hätte.[113]

---

113 *Vgl. Tiroler Landesarchiv: Karton 166 „Neuere Grenzakten", 14.4.*

Aufgeschlagenes Lager einer Arbeitspartie. Die Arbeiter mussten sich oft tage- oder sogar wochenlang im Hochgebirge aufhalten.

Man legte anhand von Skizzen dar, dass an der Helmspitze, am Sandjoch, am Draupass und am Brennersattel Kompensationen zugunsten Italiens gemacht wurden und auch am Reschen Italien ein rund 11 Quadratkilometer großes Gebiet, das nicht im Vertrag von Saint-Germain aufgelistet war, erhalten habe. Der Zentralgrenzkommission wurde am 27. März 1923 ein Schreiben mit einer Auflistung der österreichischen und italienischen Gemeinden, die Gemeindegebiet an den jeweils anderen Staat verloren hatten, vorgelegt.[114]

Hohe Kosten

Die Grenzziehung war nun nicht nur mit einem hohen Arbeitsaufwand, sondern auch mit einem hohen Kostenaufwand verbunden. Vor allem für Österreich war die Beschaffung von Geldmitteln sehr schwierig, da das Land nach dem verlorenen Krieg am Boden lag. Anders als die Sieger hatte es weniger Geld zur Verfügung und musste obendrein auch noch Reparationszahlungen leisten.[115] In Artikel 27 des Vertrags von Saint-Germain wurde verankert, dass die Kosten der Grenzregelungsausschüsse zu gleichen Teilen von beiden Staaten getragen werden sollten.[116]

Geld war für die österreichische Delegation eigentlich immer knapp, und das schlug sich natürlich auch in der Größe, Ausstattung, Lebensmittelversorgung und Schulung des Personals nieder. Diesbezüglich gab es mehrere Meldungen an die österreichische Delegationsleitung in Innsbruck. Beispielsweise forderte der technische Assistent der österreichischen Delegation Dr. Potyka am 18. März 1921, das Kontingent der Arbeitspartien schnell zu erhöhen, um den Abstand zu den italienischen Arbeitern zu verringern, und verlangte die Beschäftigung mehrerer topographischer und geodätischer Arbeitspartien, um mit mehr Personal die Unterschiede auszugleichen. Auch der englische Delegierte Behrens forderte mehr Arbeitskräfte, worüber sich die österreichische Delegation beschwerte, da man Geld sparen wollte.[117]

Am 8. Juli 1921 forderte der österreichische Delegationsleiter Bernhard bei der österreichischen Zentralgrenzkommission 62 Paar Bergschuhe an, da das Schuhwerk der Arbeitspartien, die im Fels- und Gletscherbereich arbeiteten, so schlecht war, dass sie immer wieder arbeitsunfähig wurden.[118] Am 30. Juli 1921 antwortete die Zentralgrenzkommission, dass es aufgrund der bereits unzureichenden Vorräte an Schuhwerk für den Bedarf des Bundesheeres nicht

114 *Vgl. Egger: Die Teilung Tirols nach dem Ersten Weltkrieg, S. 74–75.*

115 *Vgl. Ebd., S. 38–39.*

116 *Vgl. Der Staatsvertrag von Saint-Germain-en-Laye, Artikel 27, abrufbar unter https://www.versailler-vertrag.de/svsg/svsg-i.htm, zuletzt abgerufen am 19.12.2023.*

117 *Vgl. Egger: Die Teilung Tirols nach dem Ersten Weltkrieg, S. 80–81.*

118 *Vgl. Tiroler Landesarchiv: Karton 166 „Neuere Grenzakten", 14.4.*

Ein Vermessungstechniker bei der Arbeit am Schnalstaler Gletscher. Die Vermessung der Grenze im Hochgebirge war gefährlich und anspruchsvoll. Im Hintergrund die Weißkugel.

möglich sei, auch noch Bergschuhe für die Arbeitspartien zu besorgen. Stattdessen wurde eine Schuhfabrik angegeben, wo die Schuhe zu einem angemessenen Preis erworben werden könnten.[119]

Bald darauf, im November 1921, musste Bernhard drei tödliche Unfälle bei Vermessungsarbeiten in der Nähe der Weißkugel melden.[120]

Am 19. Juni 1921 wurden die Partieleiter in einem Schreiben noch einmal zum sparsamen und ökonomischen Umgang mit den zur Verfügung stehenden Geldmitteln aufgerufen. Zu Beginn der Arbeiten hatten einige Partieleiter unverhältnismäßig hohe Geldbeträge, besonders in Lire, angefordert und öfter als notwendig die italienische Grenze passiert, um dafür Lire aufrechnen zu können. Deshalb wurde in diesem Schreiben genau geregelt, wann die italienische Grenze passiert werden durfte und wann dies zu unterlassen war.[121]

119 *Vgl. Tiroler Landesarchiv: Karton 166 „Neuere Grenzakten“, 14.4.*

120 *Vgl. Egger: Die Teilung Tirols nach dem Ersten Weltkrieg, S. 75.*

121 *Vgl. Tiroler Landesarchiv: Karton 166 „Neuere Grenzakten“, 14.4.*

Im Allgemeinen wurde den Arbeitern der österreichischen Delegation etwa ein Drittel weniger als jenen der italienischen Delegation bezahlt.[122] Jeder österreichische Partieleiter musste seine Gehaltsforderungen im Vierteljahres-Rhythmus an die österreichische Delegation übergeben, die sie überprüfte und entweder für richtig befand oder korrigierte. Dabei wurde sowohl in Kronen als auch in Lire ausgezahlt. Der Unterkommissär Alois Lambichler bekam für den Zeitraum vom 1. April bis zum 30. Juni 1921 insgesamt 2.828 Kronen – was heute in etwa 114,50 Euro[123] entspricht – und zusätzlich 475,45 Lire.[124]

Erschwerte Arbeitsbedingungen

Abgesehen von der Ausrüstung der Arbeitspartien, die äußerst mangelhaft war, waren auch die allgemeinen Arbeitsbedingungen während der Grenzziehung sehr schwierig und vor allem im Hochgebirge nicht ungefährlich.

122 *Vgl. Egger: Die Teilung Tirols nach dem Ersten Weltkrieg, S. 81.*

123 *Vgl. https://www.eurologisch.at/docroot/waehrungsrechner/#/, abgerufen am 14.11.2023.*

124 *Vgl. Tiroler Landesarchiv: Karton 166 „Neuere Grenzakten“, 14.4.*

Die Arbeitspartien mussten alle benötigten Geräte und die Ausrüstung ins Hochgebirge schleppen – Arbeitssicherheit gestaltete sich unter diesen extremen Umständen schwierig.

Am 21. Juli 1921 wurden verschiedene Meldungen über problematische Situationen an den Grenzen gesammelt:

> *„Am Olperer konnte die Pyramide nicht platziert werden, am Hochgall war die Besteigung unmöglich, an der Kreuzspitze war der Bau der Pyramide zwei Mal ohne Erfolg versucht worden, am Weißkugel war die Besteigung und Auffindung der Markierungen schwierig, im Gebiet der Klopaierspitze war ein Tragtier mit italienischem Theodoliten abgestürzt und im Brennergebiet erkrankten zwei Partieleiter und zwei Hilfskräfte an einer Lungenentzündung."*[125]

125 *Egger: Die Teilung Tirols nach dem Ersten Weltkrieg, S. 75.*

Mitte Juli 1921 wurde in der Gegend zwischen Cellonkofel, Plöckenpass und Promos von italienischer Seite die Sprengung von Blindgängern und sonstigem Munitionsgut vorgenommen, ohne die dort arbeitende Vermessungsgruppe zu informieren. Verletzt wurde zwar niemand, doch hätte die Arbeitspartie sehr leicht gefährdet werden können.[126]

Es bleibt zu betonen, dass die Grenzziehung zwischen Österreich und Italien in den Jahren nach dem Ersten Weltkrieg neben kartografischen Schwierig-

126 *Vgl. Tiroler Landesarchiv: Karton 166 „Neuere Grenzakten", 14.4.*

Trotz aller Schwierigkeiten gab es auch kameradschaftliche Momente zwischen den österreichischen und italienischen Mitgliedern der Arbeitspartien bei den gemeinsamen Begehungen.

keiten auch von zahlreichen allgemeinen Herausforderungen begleitet war. Die wiederholt auftretenden Probleme bezüglich Kompensationen und finanziellen Ressourcen zeigen nicht nur die Komplexität dieses Prozesses, sondern werfen auch Fragen hinsichtlich der Fairness und Gerechtigkeit auf. Die unzureichende Ausrüstung der Arbeitspartien, die mangelhafte Bezahlung im Vergleich zu den italienischen Kollegen und die gefährlichen Arbeitsbedingungen im Hochgebirge lassen die so erfolgte Durchführung der Grenzziehung in einem kritischen Licht erscheinen.

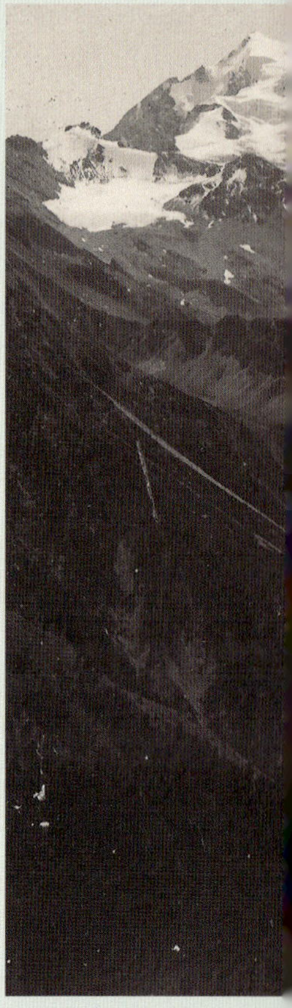

Ortlergruppe

Stilfser Joch

Weißkugel

Similaun

Hochwilde

Tribulaun

< von West

von Ost >

Der Tribulaun
von Pflersch aus
gesehen

^ von Norden

Verkehr, Zoll und Grenzübertritte

Verkehr, Zoll und Grenzübertritte

In diesem Kapitel wird auf die Herausforderungen und Probleme im Grenzverkehr, im Zollwesen und bei den Grenzkontrollen eingegangen. Neben der Beleuchtung verschiedener Teilaspekte stehen im letzten Teil des Kapitels die Auswirkungen auf die betroffene Bevölkerung im Vordergrund.

Um etwas besser zu verstehen, wie Außenstehende die Problematik der neuen Grenzziehung einordneten, wird zum Schluss ein kleiner Ausschnitt eines Reiseberichts durch die Alpen eines amerikanischen Ehepaars wiedergegeben, der die Aspekte des vorherigen Teils sehr gut zusammenfasst. Darin kommen vor allem die Unannehmlichkeiten der Grenzüberquerung, die Zollproblematiken sowie das Auftreten und Verhalten der italienischen Beamten zur Sprache.

Personenverkehr und Post

Die neue Grenze zwischen Österreich und Italien bedingte schwierige Verkehrsverhältnisse, die nicht nur den Personen-, sondern auch den Postverkehr belasteten. Hier einige Beispiele:

Eine schwerwiegende Folge der neuen Grenzziehung – die leicht in Vergessenheit gerät – ist ohne Zweifel, dass Osttirol gänzlich vom Rest Tirols getrennt wurde. Die beiden Teile Tirols waren und sind auch immer noch an keiner Stelle miteinander verbunden. Dementsprechend war es für die Bewohner Osttirols schwierig, nach Innsbruck oder an einen anderen Ort in Nordtirol zu gelangen. Wenn sie nicht durch Südtirol wollten (was aufgrund der schwierigen Einreisebedingungen kaum möglich war), mussten sie über Kärnten und Salzburg nach Nordtirol reisen.

Die Tageszeitung „Alpenland" berichtete am 18. März 1920 über die Verkehrsverhältnisse zwischen Ost- und Nordtirol. Nur wöchentlich, immer montags, fuhr ein Personenzug über Spittal und die Tauernbahn nach Innsbruck, während es jeden Donnerstag einen gemischten Zug nach Spittal gab. Dort mussten Reisende jedoch auf den Anschluss nach Innsbruck warten, der erst am Folgetag verkehrte. Auch die Reise von Innsbruck nach Osttirol gestaltete sich schwierig, mit dem Unterschied, dass Reisende am Bahnhof Innsbruck gar keine Informationen über die Anschlussverhältnisse nach Osttirol in Erfahrung bringen konnten. Zwischen Innichen und Lienz fuhren ebenfalls nur zweimal wöchentlich gemischte Züge hin und zurück.

Für Fahrten nach Südtirol bzw. über Südtirol nach Innsbruck gab es in Bezug auf die Einreisebedingungen folgendes Problem: Davon abgesehen, dass die Einreisebewilligungen sehr schwer zu erlangen waren, hatten sie auch nur eine sehr kurze Gültigkeit. Deshalb hatten sie meist, sobald sie endlich mit der Post eintrafen, diese bereits wieder verloren. Das machte eine Reise nach Nordtirol über Südtirol fast unmöglich.[127] Wer nun aber in dringenden Angelegenheiten

127 *Vgl. „Alpenland" vom 18.03.1920, S. 5, abrufbar unter: digital.tessmann.it*

nach Südtirol wollte, musste zuerst beim Konsulat in Innsbruck um das Passvisum ansuchen, dann mindestens 14 Tage darauf warten und anschließend nach Innsbruck fahren, weil man für das Entgegennehmen des Visums persönlich erscheinen musste. Eine Fahrt von Osttirol nach Innsbruck und wieder zurück kostete aber rund 200 Kronen und war damit alles andere als ein Schnäppchen – obendrauf kamen noch Verpflegungs- und Übernachtungsgebühren in Innsbruck und Spittal, weil die Fahrten nicht an einem Tag schaffbar waren, sondern mindestens drei Tage in Anspruch nahmen. Auch den Südtirolern erging es nicht viel besser, wenn sie nach Österreich mussten.[128] Bereits am 13. April 1920 berichtete „Alpenland" über die „Unzukömmlichkeiten im Grenzverkehr"[129]. Anlass war die neue Verfügung der italienischen Behörde, die beschlossen hatte, dass für die Rückreise von Österreich nach Italien ebendieses Visum – wie bereits oben beschrieben – vom italienischen Konsulat in Innsbruck notwendig war. Darüber informierte aber kaum eine Grenzgemeinde, weshalb die Bevölkerung auch nicht rechtzeitig Bescheid wusste. So mussten mehrere Personen mindestens 8 Tage an der Grenze warten, da sie diese nicht mehr passieren durften. So ein Zustand war nicht haltbar und die Zeitung forderte zurecht mehr Transparenz und deutlich bessere Verhältnisse.[130]

Eine Fahrt nach Innsbruck und zurück kostete rund 200 Kronen und war damit alles andere als ein Schnäppchen.

Auch die Post litt unter den unzureichenden Zugverbindungen zwischen Ost- und Nordtirol, aber auch ganz allgemein waren die Kommunikationswege schlecht. Briefe und Zeitungen aus Innsbruck trafen nur stoßweise in Osttirol ein – so kamen beispielsweise am 18. März 1920 laut Berichterstattung der Zeitung „Alpenland" erst die Zeitungen vom 4.–7. März in den Haushalten an.[131]

„Warum selbst die ersteren nicht einen früheren Zug zu erreichen vermochten, ist allerdings nicht recht einzusehen. Es muß irgend etwas nicht ganz klappen [...] Alle bisherigen Versuche, eine Besserung zu erzielen, hatten nur den einen Erfolg, daß manchmal Briefpost durch das Pustertal hierhergelangt, zu deren Beförderung auch eigene Postbotenfahrten wie in den seligen Zeiten der Stellwagen zwischen Innichen–Sillian und Lienz eingeleitet worden sind. Füglich könnten

128 *Vgl. „Der Tiroler" vom 14.07.1920, S. 3, abrufbar unter: digital.tessmann.it*

129 *„Alpenland" vom 13.04.1920, S. 3, abrufbar unter: digital.tessmann.it*

130 *Vgl. „Alpenland" vom 13.04.1920, S. 3, abrufbar unter: digital.tessmann.it*

131 *Vgl. „Alpenland" vom 18.03.1920, S. 5, abrufbar unter: digital.tessmann.it*

bald anderthalb Jahre nach dem Kriegsende die Verkehrsverhältnisse bei einigem guten Willen doch schon anders geregelt sein."[132]

Auch andere Zeitungen betonten immer wieder die schlechten Postverhältnisse, mit denen vor allem die entlegeneren Gemeinden zu kämpfen hatten. Nicht selten brauchte ein Brief 14 Tage oder noch länger, bis er schließlich beim Empfänger eintraf. Teilweise blieb die Post sogar tagelang aus, dann kamen wieder mehrere Zeitungen und Briefe auf einmal an.[133]

„Der Tiroler" vom 22. Oktober 1920 berichtete von einer Karte, die in Bozen aufgegeben wurde und sage und schreibe 21 Tage benötigte, bis sie am Zielort in Gries am Brenner ankam. Der Autor des Artikels fragte zurecht, wo die Karte so lange Zeit geblieben sei, wo der Poststempel doch mit dem Aufgabedatum übereinstimmte ...[134]

Nicht selten brauchte ein Brief 14 Tage oder noch länger, bis er schließlich beim Empfänger eintraf.

Selbst auf die fristgerechte Zustellung von Expressbriefen konnte man sich nicht verlassen – so war beispielsweise ein Expressbrief von Kufstein nach Ellmau (4 Wegstunden Entfernung) vier Tage lang unterwegs (von Freitag bis Montag). Der Empfänger erlitt durch diese Verspätung großen Schaden, da er über eine Verhandlung zu spät informiert wurde.[135] Dies war kein Einzelfall, wie auch andere Zeitungsartikel verlauten ließen.

Solche Verhältnisse sowohl innerhalb als auch über die Grenze waren unwürdig und wurden immer wieder öffentlich kritisiert – an den tatsächlichen Gegebenheiten änderte das aber jahrelang nicht viel. Als ob die langen Wartezeiten nicht schon genug wären, wurden auch noch die Kosten für Postaussendungen laufend erhöht. Der „Tiroler Grenzbote" fand dazu in der Ausgabe vom 22. April 1922 die treffenden Worte:

„Würden die Verbesserungen mit den ständig steigenden Postgebühren Schritt halten, so müßten wir ja glänzende Verhältnisse im Postverkehr haben. Aber wie traurig es dagegen in Wirklichkeit aussieht, lehren die Erfahrungen, die man täglich machen kann. [...] Wir fühlen uns um wenigstens 20 Jahre zurückversetzt."[136]

Auch wurde laut, dass aus Sparzwängen Verbesserungen teilweise sogar wieder rückgängig gemacht wurden.[137]

132 *„Alpenland" vom 18.03.1920, S. 5, abrufbar unter: digital.tessmann.it*

133 *Vgl. „Alpenländer-Bote" vom 15.02.1920, abrufbar unter: digital.tessmann.it*

134 *Vgl. „Der Tiroler" vom 22.10.1920, S. 2, abrufbar unter: digital.tessmann.it*

135 *Vgl. „Tiroler Grenzbote" vom 22.04.1922, S. 2, abrufbar unter: digital.tessmann.it*

136 *„Tiroler Grenzbote" vom 22.04.1922, S. 2, abrufbar unter: digital.tessmann.it*

137 *Vgl. Ebd.*

Auch wenn sich die Postverhältnisse nicht nur unmittelbar durch die Grenzziehung verschlechtert hatten, spiegeln sie doch die allgemeine Situation wider, in der sich die Bevölkerung nach dem Ersten Weltkrieg befand. Die Menschen hatten wenig Geld, verschiedene staatliche Dienstleistungen hatten sich verschlechtert und es herrschte allgemein eine eher negative Grundstimmung. Dass man sich nicht mal mehr auf die Post bzw. auf Nachrichten- und Kommunikationsmittel verlassen konnte, unterstrich die Unsicherheit, die die Menschen in dieser Zeit prägte.

Zoll und Einreisebedingungen

Der „Alpenländer-Bote" berichtete am 13. November 1921 von einer Verschärfung der Einreisebestimmungen nach Italien. Demnach sollten fortan keine Ausländer, egal ob sie eine Beschäftigung auf italienischem Boden hatten oder nicht, Einreisebewilligungen ohne Zustimmung des Außenministeriums erhalten. Alle Bewilligungen, die vom Zivilkommissariat oder von anderen Behörden gegeben worden waren, verloren ihre Gültigkeit und die Inhaber durften die Grenze nicht mehr überqueren. Vor allem für österreichische Staatsbürger, die zu jener Zeit in Südtirol wohnten, waren diese neuen Bestimmungen sehr ärgerlich, da sie sich nun ungefähr 14 Tage in Nordtirol aufhalten mussten, bis das neue Visum des Außenministeriums eintraf. Geschäftsleute wurden somit aus Südtirol ausgesperrt, was ohne jeden Zweifel wirtschaftlich negativ und nicht gutzuheißen war.[138]

Nicht nur den Handelstreibenden und Erwerbstätigen wurde die Einreise nach Italien immer wieder durch neue Maßnahmen erschwert, sondern auch den Touristen. 1922 war der Fremdenverkehr noch sehr geschwächt, auch wenn der Krieg schon seit rund vier Jahren zu Ende war. Einer der Hauptgründe war die Tatsache, dass für eine Einreise nach Südtirol immer noch das Passvisum erforderlich war, während es in anderen Ländern bereits abgeschafft wurde. So berichtete die „Industrie- und Handelszeitung" im Juli 1922 von mehreren Fällen, wo Touristen oder Reisegruppen an der Grenze abgewiesen wurden. Zum Beispiel hatte bei einem Vorfall nur der Reiseführer einer ganzen Gruppe ein Visum und ein anderes Mal war dem Konsulat im betreffenden Visum ein Formfehler unterlaufen. Weiters wurde die Einreise dadurch erschwert, dass die Grenzüberschreitung durch Autos noch einmal anders geregelt war und auf das Auto zusätzliche Zollgebühren bezahlt werden mussten.[139] Dazu schrieb die Zeitung Folgendes:

> *„Ausser einem bestimmten Zollsatz, der dem Gewichte entspricht und der in der Regel nicht mehr als zirka 5–6000 Lire ausmachen würde, [sind] noch 35 Prozent des Wertes des Autos als Zoll zu entrichten [...] Die Schätzung des Wertes ist den Zollorganen überlassen. Auf diese Weise kommt es, dass z. B. erst gestern auf telephonische Erkundigung hin das Zolldepot für einen 50pferdigen Wagen mit 60–80.000 Lire von Seite der Grenzorgane bestimmt wurde, je nachdem, ob der Wagen neu oder schon ziemlich gebraucht sei. Für derart hohe Schätzungen liegt wirklich*

138 *Vgl. „Alpenländer-Bote" vom 13.11.1921, S. 10, abrufbar unter: digital.tessmann.it*

139 *Vgl. „Industrie- und Handelszeitung" vom 30.07.1922, S. 7, abrufbar unter: digital.tessmann.it*

kein Grund vor, da man um diesen Preis ja schon die schönsten neuen Wagen kaufen kann. Da natürlich nur die wenigsten Fälle zur Kenntnis der Interessenten gelangen, kann man sich vorstellen, wie stark die Verkehrsschädigung durch diese fiskalische Ängstlichkeit ist.“[140]

Durch diese große Differenz und die daraus resultierende Summe, die schlussendlich ja willkürlich bestimmt wurde, kam es häufig vor, dass Reisegesellschaften und Privatleute an der Grenze nicht genug Lire dabeihatten und dort abgewiesen wurden.[141] Dem Fremdenverkehr schadeten ein solches Vorgehen und diese Bestimmungen ungemein – die Frage, wem es wirklich nützte, bleibt dahingestellt. Vermutlich ging es vor allem darum, den Menschen zu zeigen, wer jetzt das Sagen in Südtirol hatte.

Italienisch-österreichisches Grenzverkehrsabkommen

Mitte Juli 1923 trat neben einem neuen Handelsvertrag zwischen Österreich und Italien auch endlich das italienisch-österreichische Grenzverkehrsabkommen in Kraft und die Bevölkerung erhoffte sich davon weitreichende Verbesserungen.[142] Das Abkommen regelte die Wirtschaftsbeziehungen innerhalb der Grenzgebiete.

Der „Alpenländer-Bote“ berichtete am 17. Juni 1923 ausführlich darüber: Zunächst wurde definiert, dass jeweils ein 5 bis 15 Kilometer breiter Streifen pro Staatsgebiet, also insgesamt eine Fläche von maximal 30 Kilometern, als Grenzgebiet angesehen werden konnte. Als Bewohner dieses Grenzgebietes galten allgemein alle Personen, die ihren ordentlichen Wohnsitz in dem Grenzgebiet hatten, dort unbewegliche Güter (Grundstücke, Häuser, Wälder usw.) in Eigentum oder Pacht hatten, in einem landwirtschaftlichen oder industriellen Unternehmen in der Grenzzone beschäftigt waren, alle Vertreter und Angestellte einer öffentlichen Körperschaft (Gemeinde, Land usw.) sowie juristische Personen, die eine gewinnbringende Beschäftigung in der Grenzzone ausübten.

Diesen Grenzbewohnern war von nun an der Grenzübertritt ohne Einhaltung der Passvorschriften (also ohne Pass und Visum) gestattet – sie mussten lediglich eine Grenzkarte dabei haben. Diese Grenzkarte enthielt ein Foto des Inhabers, eine Personenbeschreibung sowie weitere Angaben, die den freien Grenzverkehr gestatteten. Sie konnte bei den zuständigen Behörden beantragt werden, musste aber, um ihre Gültigkeit zu erlangen, vom jeweils anderen Land mit einem Visum versehen werden. Anschließend war sie ein Jahr lang gültig. Die Grenzkarten waren im Allgemeinen gebührenfrei, für die Ausstellung konnte jedoch ein Betrag von höchstens einer Goldkrone bzw. einer Goldlira verlangt werden.

Mit dieser Bescheinigung konnte nun an vorher von den Zollbehörden festgelegten Punkten die Grenze passiert werden. Diese Übergänge waren auf der Karte angegeben. Kinder unter 12 Jahren brauchten keine Karte, sofern sie mit ihren Eltern, die über eine solche verfügten, unterwegs waren.

Für bestimmte Berufsgruppen, darunter Seelsorger, (Tier-)Ärzte und Hebammen, wurden mit dem Grenzverkehrsabkommen auch bestimmte Erleichterungen eingeführt. In Ausnahmen (zum Beispiel bei Unglücksfällen) konnten sie ihren Beruf auch in der jeweils anderen Grenzzone ausüben und die Grenze

140 *„Industrie- und Handelszeitung“ vom 30.07.1922, S. 7, abrufbar unter: digital.tessmann.it*

141 *Vgl. Ebd.*

142 *Vgl. „Industrie- und Handels-Zeitung“ vom 08.07.1923, S. 1, abrufbar unter: digital.tessmann.it*

sogar auf Nebenwegen überqueren, mussten dafür aber eine entsprechende Genehmigung vorweisen können. Auch durften sie alle Gegenstände, die sie zur Ausübung ihres Berufes benötigten, zollfrei bei sich tragen.

Der Viehverkehr war innerhalb der Grenzzone ebenfalls von jeder veterinär-polizeilichen Maßnahme frei. Das Abkommen regelte auch die Jagd und Fischerei im Grenzgebiet: Die Jagdrechte in Jagdgebieten, die durch die Grenze geteilt wurden, blieben aufrechterhalten. Die Jagdberechtigten konnten somit in ihrem Jagdgebiet ohne Rücksicht auf die Staatsgrenze jagen – dasselbe galt auch für die Fischerei.

Die Wasserrechte von Grenzwasser (jene Wasserläufe, die entlang der Grenze laufen oder diese überquerten) lagen bei beiden Staaten, somit war es nicht zulässig, die Rechte der Angehörigen des anderen Staates durch widerrechtliche Bauten zu unterbinden bzw. einzuschränken.[143]

Zeitgleich trat auch der Handelsvertrag in Kraft, mit dem eine Zollermäßigung für verschiedene Waren einherging.[144]

Grenzübertritte

Während die Grenzübertritte an den Pässen und Zollstationen recht oft in den öffentlichen Zeitungen diskutiert wurden, kamen die Grenzen im Hochgebirge, zu deren Überschreitung es vor allem während Wanderungen meist eher unabsichtlich kam, relativ selten zur Sprache. Ein Innsbrucker Bergsteiger, der im Sommer 1922 auf einer Wanderung zur Tribulaunhütte – die damals widerrechtlich von den Italienern besetzt wurde – von Grenzsoldaten gefangen genommen, aber hauptsächlich aufgrund seiner Italienischkenntnisse bald wieder freigelassen wurde, gab in „Alpenland" vom 8. August 1922 fünf hilfreiche Tipps zum Verhalten im Hochgebirge:

„1. Das Betreten italienischen Gebietes [...] ist zu vermeiden, denn die Grenzsoldaten haben den Auftrag, jeden, der die Grenze überschreitet, festzunehmen. Falls sich der Betreffende nicht genügend ausweisen kann, wird er nach Brixen gebracht, wo er ungefähr acht Tage bei Wasser und Brot in einem Gefängnis warten muß, bis die österreichische Behörde über ihn Aufklärung gegeben hat. Wer auf Anruf oder Pfiff nicht stehen bleibt, wird durch einen Schuß in die Luft gewarnt. Geht der Betreffende noch immer weiter [...], so haben [die Grenzsoldaten] die Pflicht, auf ihn zu schießen. [...]

2. Die italienischen Grenzsoldaten beherrschen zum allergrößten Teile nicht die deutsche Sprache.

3. Das Überschreiten der italienischen Grenze mit einem Paß und einem italienischen Sichtvermerk ist nur auf dem Brenner oder einer anderen Zollstelle gestattet.

4. Das Begehen der Grenzgrate und ganz geringes Abweichen von denselben ist erlaubt und gefahrlos. [...]

5. Das Entfernen oder Zerschlagen von Grenzsteinen ist, so aufreizend sie auch wirken mögen, zu unterlassen, da nach Aussage eines österreichischen Offiziers der Grenzfestsetzungsabteilung jeder Grenzstein und jede Grenzplatte 1000

143 *Vgl. „Alpenländer-Bote" vom 17.06.1923, S. 4, abrufbar unter: digital.tessmann.it*

144 *Vgl. „Industrie- und Handels-Zeitung" vom 08.07.1923, S.1 und „Volksblatt" vom 05.05.1923, S. 4, abrufbar unter: digital.tessmann.it*

Die Grenzlinie im Langtauferer Tal, vom Vernagl bis zur Weißkugel. Blick von der italienischen Seite Richtung Österreich. Im Hochgebirge wurden meist die natürlichen Bergkämme als Grenzlinie festgesetzt.

Die Grenzlinie zwischen Similaun und Hochwilde in den Ötztaler Alpen, Blick von Österreich Richtung Italien.

Lire kostet, wovon der österreichische Staat die Hälfte zahlen muß. Unserem Staate und Volke wird daher durch eine solche Handlungsweise nur geschadet, denn das Herabschleudern eines Grenzsteins vermag ja doch nicht die uns aufgezwungene Grenze zu verschieben."[145]

Die Tatsache, dass die Grenzsoldaten die Pflicht hatten, auf Grenzüberquerer zu schießen, zeigt die Brutalität, mit der zu jener Zeit Italiens Grenze verteidigt wurde. Dies war eine Maßnahme, um Schmuggel einzudämmen und die illegalen Überschreitungen so gering wie möglich zu halten, aus heutiger Sicht scheint eine solche Vorgangsweise jedoch völlig unverständlich. Unter dem Vorwand der Bekämpfung der Schmugglerei ließ der italienische Staat keine Gelegenheit aus, um österreichische Staatsbürger zu schikanieren.

Auch die Tatsache, dass italienische Soldaten gewillter waren, Leute freizulassen, die ihre Sprache sprachen – wie im Beispiel des Innsbrucker Wanderers – zeugt von einer ziemlich willkürlichen Herangehensweise – ganz zu schweigen von den Umständen unter denen die in Gewahrsam Genommenen ihre Zeit bis zur Freilassung absitzen mussten.

Recht erfreulich war immerhin die Nachricht, dass der Almauf- und Almabtrieb trotz der neuen Grenzziehung weiterhin stattfinden konnte, wenn auch unter besonderen Bedingungen. So wurden im Vorfeld Grenzpunkte festgelegt, über die das Vieh nach Österreich gebracht werden konnte, und von denen man nicht abweichen durfte.[146]

145 *„Alpenland" vom 08.08.1922, S. 5, abrufbar unter: digital.tessmann.it*

146 *„Brixener Chronik" vom 08.05.1920, S. 8, abrufbar unter: digital.tessmann.it*

Blick auf den Bahnhof Brenner Richtung Westen.

Reiseerlebnisse

Die Einreise nach Italien war sowohl für österreichische Staatsbürger als auch für Touristen nicht einfach. Die Reiseerlebnisse des amerikanischen Ehepaares Sascha und Edwin Emerson, das 1919 durch die Alpenländer reiste, wurden in mehreren Episoden von 1920 bis 1921 in der Zeitung „Alpenland" festgehalten. In diesem Kapitel wird auf jene Erlebnisse eingegangen, die die Grenzüberquerung am Brenner betreffen. Sie fassen auf anschauliche und humorvolle Art und Weise die Komplexität des Grenzübertritts von Österreich nach Italien zusammen. Sie schildern sowohl die Reisebedingungen als auch Probleme mit dem Zoll und das Verhalten des italienischen Personals:

Nachdem Sascha und Edwin Emerson mit ihren Fahrrädern bereits durch die Schweiz, Deutschland und Österreich gereist waren, wollten sie von Innsbruck weiter über den Brenner nach Südtirol. Bereits am Bahnhof Innsbruck kündigten sich die ersten Unannehmlichkeiten an: Am Gepäckschalter gab das Ehepaar die Fahrräder auf, und als der Zollinspektor sah, dass es sich nicht um italienische Fabrikate handelte, klebte er große Zettel auf die Sättel, um sie als zollpflichtig zu kennzeichnen. Gleichgültig wie der Zollinspektor war, erwiderte er auf die berechtigte Beschwerde, dass die schwarzleimigen Zettel die Sitze beschmutzen würden und diese wohl nicht mehr richtig sauber würden, lediglich ein desinteressiertes: „Non fa niente!"

Anschließend hatte der Ehegatte bereits das nächste ärgerliche und zugleich unverschämte Erlebnis: Beim Geldwechsel von Schweizer Franken in Lire musste er feststellen, dass das italienische Geld – entweder wegen tatsächlichem oder nur vorgetäuschtem Mangel – nur um nahezu das Doppelte seines derzeitigen Kurswertes erhältlich war und hielt deshalb die meisten Franken zurück, um sie zu einem späteren Zeitpunkt mit weniger Verlust zu wechseln.[147]

Kurz nachdem die Zugfahrt von Innsbruck nach Brenner begonnen hatte, wurden die Eheleute auch schon von zwei Carabinieri untersucht, diese zogen jedoch nach einem Blick auf die Erlaubnisscheine wieder von dannen. Als Sascha und Edwin Emerson schließlich am Brenner ankamen, wurden sie am Aussteigen gehintert, da sie noch auf die Zollinspektoren warten mussten. Diese trafen nach einiger Wartezeit dann schließlich ein und begnügten sich mit einem Blick auf die Rucksäcke, ohne diese zu öffnen. Doch

147 Vgl. „Alpenland" vom 21.09.1920, S. 1, abrufbar unter: digital.tessmann.it

das Ehepaar durfte immer noch nicht aussteigen, da dies am Brenner „verboten" war.

Verärgert über diese unsinnigen Vorschriften und da die beiden Fahrräder ja nur bis zum Brenner aufgegeben waren, stieg Edwin einfach auf der anderen Seite des Zuges aus und ging zu dem Abteil mit den Fahrrädern. Dort wurde ihm erklärt, dass diese aber erst nach Verona transportiert werden mussten, da sie in Italien zollpflichtig waren und an der Zollstation Brenner niemand die Zolltaxe auf Fahrräder kannte.

Nach einer längeren Diskussion willigten die italienischen Beamten ein, dass die Fahrräder zumindest bis „Fortezza" zu gehen hätten und nicht auf dem Brenner herausgegeben werden durften, obwohl sowohl das Ticket für die Fahrräder als auch die Personentickets nur bis dort gültig waren. Der ursprüngliche Plan des Ehepaares war gewesen, vom Brenner gen Süden zu radeln, um auch etwas von der schönen Landschaft zu sehen und nicht nur im Zug zu hocken. Dieses Vorhaben konnten sie sich nun abschminken, denn die Fahrräder mussten nach Franzensfeste ins Zollamt gebracht werden.[148]

Edwin Emerson beschrieb die Diskussionen mit dem Zollinspektor wie folgt:

„Alle diese Kreuz- und Querbeweisführungen waren zeitraubend und zugleich verwirrend, schon wegen der gereizten Art des Inspektors, der mich immer mit äußerstem Aufgebot seiner Stimmittel auf italienisch anschrie; – wahrscheinlich hielt er mich für schwerhörig. Außerdem verstand ich seine neuen italienischen Ortsbezeichnungen nicht."[149]

Über die neuen italienischen Ortsbezeichnungen urteilte er folgendermaßen:

> *„Wenn man bedenkt, daß die alten Ortschaften in Tirol seit über tausend Jahren unter ihren deutschen Namen Brixen oder Bozen bekannt sind, so erschien mir dies alles zu albern; gerade so als wollte ein Deutscher Verona: ‚Bern', Bormio: ‚Worm', oder Brescia: ‚Welschbrixen' nennen!"*[150]

Edwin Emerson musste nun wohl oder übel zwei neue Zugtickets nach Franzensfeste und neue Aufhängschilder für die Fahrräder erwerben. Da passierte ihm eine Dreistigkeit, die er so vonseiten der schweizer, deutschen und österreichischen Beamten nicht kannte: Wie er erst später erfuhr, wurde ihm vom Ticketbeamten für die Fahrt nach Franzensfeste der dreifache Preis abgenommen und – als wäre das nicht schon Ausbeutung genug – wurde er auch beim Wechselgeld betrogen und bekam zusätzlich ein falsches Lirestück zurück.

Als das Ehepaar nun nach rund einstündiger Fahrt in Franzensfeste ankam, wurde Emerson erklärt, dass die Fahrräder bis zur Freigabe von der Zollbehörde im Lagerhaus verbleiben mussten. Im Zollamt wurde er von einem Beamten erneut sehr unfreundlich behandelt, der sich nicht nur über das Mitführen der Fahrräder lauthals aufregte, sondern sich auch über

148 *Vgl. „Alpenland" vom 22.05.1921, S. 6, abrufbar unter: digital.tessmann.it*

149 *„Alpenland" vom 22.05.1921, S. 6, abrufbar unter: digital.tessmann.it*

150 *Ebd.*

die Reiselust des Ehepaares beschwerte, da sich das Land ja noch in Kriegszeiten befände. Erst nach der Beteuerung, dass die beiden ja nicht vorhätten, die alten Fahrräder zu verkaufen, und nach einigen Komplimenten über das schöne italienische Land, gelang es Emerson, den Beamten zu beruhigen, sodass man halbwegs vernünftig mit ihm reden konnte.[151]

Die Fahrräder sollten nun als Durchgangsgut behandelt werden, da das amerikanische Ehepaar vorhatte, nach rund einem Monat die Brennergrenze wieder in die andere Richtung zu passieren. Dennoch sollte der ganze Zoll auf beide Räder wie auf neue bezahlt werden und zusätzlich die Summe, die für Räder als Durchgangsgut zu entrichten war. Jedoch mit dem Versprechen, dass der Einfuhrzoll beim Verlassen des Landes wieder zurückgezahlt werde.[152]

Bevor die Beamten nach langem Hin und Her diese Lösung vorschlugen, hatten sie erst eine ganze Weile in unterschiedlichen Büchern nachgeschlagen, was sie in diesem besonderen Fall zu tun hätten, denn die beiden Amerikaner waren „die ersten touristischen Radfahrer, die seit Eröffnung [der] neuen Grenzstation“[153] dort durchkamen.

Schlussendlich wollte Edwin Emerson die festgelegte Gebühr bezahlen – wenngleich sie übertrieben hoch war –, hatte aber nicht mehr genug Lire dabei. So kam es, dass ihm der Zollbeamte nach erneuter langer Diskussion die Schweizer Franken aus eigener Tasche in Lire wechselte (natürlich zu einem niedrigeren Wechselkurs als offiziell in den Zeitungen angegeben) und die Gebühr schließlich bezahlt wurde. Anschließend setzten sie endlich ihre Reise fort.[154]

Die Reiseerlebnisse des amerikanischen Ehepaares zeugen von den zahlreichen Schwierigkeiten und Unannehmlichkeiten, die Grenzüberquerer durch die neue Grenzziehung am Brenner und anderen Übergängen erleiden mussten. Die bürokratischen Hürden, unklaren Regelungen und die Ausbeutung durch die italienischen Beamten waren frustrierende Erfahrungen und werfen ein äußerst beschämendes Licht auf die neue Regierung.

Dies war nur ein Beispiel, wie die Grenzziehung nicht nur politische und territoriale Konflikte schuf, sondern auch den Alltag der Bevölkerung und der Touristen beeinträchtigte.

151 *Vgl. „Alpenland“ vom 22.05.1921, S. 6, abrufbar unter: digital.tessmann.it*

152 *Vgl. „Alpenland“ vom 29.05.1921, S. 6, abrufbar unter: digital.tessmann.it*

153 *„Alpenland“ vom 22.05.1921, S. 6, abrufbar unter: digital.tessmann.it*

154 *Vgl. „Alpenland“ vom 29.05.1921, S. 6, abrufbar unter: digital.tessmann.it*

Dreiherrnspitze

Pflersch

Gossensaß

Kerschbaumersattel

Silltal

Schmuggel

Schmuggel

Die neue Grenze zwischen Österreich und Italien führte zu einem florierenden Schmuggelbetrieb. Das von den Auswirkungen des Ersten Weltkriegs gebeutelte Österreich stand vor großen Herausforderungen, darunter Bevölkerungsverlust, Armut und eine Hungersnot. Zusätzlich erreichte die österreichische Krone ein historisches Tief, während die italienische Lira an Wert gewann. Der Verkauf von Waren und Vieh nach Italien bzw. an die Italiener war aus diesem Grund sehr gewinnbringend. Dies war für die ansässige Bevölkerung fatal – alles, was sie zum Leben brauchte, wurde über die Grenze geschmuggelt und dort verkauft. Die fehlenden finanziellen Mittel und die Verknappung der lebenswichtigen Güter trieben die Bevölkerung in noch tiefere Armut.

Die folgenden Kapitel geben einen facettenreichen Einblick in den Schmuggel. Dabei stehen die Auswirkungen des Schmuggels auf die lokale Bevölkerung, Motivation, Kniffe und Strafen für die Schmuggler im Mittelpunkt. Neben Beschreibungen zu den Schmugglern, dem Schmugglergut sowie einem kurzen Exkurs in den Viehschmuggel – der den meisten Profit versprach – werden auch die Maßnahmen der Regierung gegen den Schmuggel sowie Strafen und die Festnahmen einzelner Schmuggler geschildert. Zum Schluss werden noch drei kurze heitere Schmugglergeschichten erzählt.

Allgemeines zum Schmuggel

Der Schmuggel von Österreich nach Italien war eine sehr profitable Angelegenheit. Nicht nur für die Nordtiroler Bauern, die dieses schmutzige Geschäft betrieben, sondern auch für Südtiroler und vor allem für die Italiener. In der Anfangszeit der neuen Grenzziehung war er kaum eindämmbar.

Welche Personen steckten hinter dem Schmuggel? Was motivierte sie? Welcher Strategien bedienten sie sich? Und was wurde überhaupt alles über die Grenze geschleppt?

Der Schmuggel war ungemein ergiebig, viele Bauern und ärmere Bevölkerungsschichten sahen sich gezwungen, diesem schmutzigen Geschäft nachzugehen, um sich über Wasser zu halten. Die „Lienzer Nachrichten" vom 10. Jänner 1920 formulierten den „Verrat an der Heimat"[155], der durch die Tiroler Bauern und Landsleute begangen wurde, folgendermaßen:

> *„Eine Schmach ist es, daß unter diesen Leuten, die den Wohlstand der Bevölkerung untergraben, die Handel und Gewerbe um schnöden Gewinnes willen vernichten, Deutsche und auch Landsleute, geborene und heimatsberechtigte Tiroler sich befinden, die sich nicht scheuen, jenen Menschen, denen sie als Feind im Schützengraben gegenüberstanden und die sie für ihren schnöden Verrat an der Heimat züchtigten, nunmehr Vorschub leisten und ihnen helfen den Bezirk auszurauben."*[156]

155 *„Lienzer Nachrichten" vom 10.01.1920, S. 1, abrufbar unter: digital.tessmann.it*

156 *Ebd.*

Laut „Volkszeitung“ vom 27. Jänner 1920 waren zu diesem Zeitpunkt schon Tausende Menschen in die Sache verwickelt, die unter anderem als bewaffnete Schmugglerbanden mit bis zu 50 bis 60 Mann agierten und sich äußerst schlecht benahmen. Immer wieder wurden verächtliche Aussagen gegenüber den Behörden und Finanzern laut – zum Beispiel ließen zehn Burschen in einem Wirtshaus in Steinach verlauten, sie würden auf die Finanzer schießen und sie wie die Säue abstechen. Den Bauern wurden aus Innsbruck Jagdgewehre zugeteilt, die ursprünglich eigentlich zur Abwehr der angeblichen kommunistischen Gefahr dienen sollten, nun aber dafür verwendet wurden, dem Land noch die letzten verbliebenen Lebensmittel zu rauben.[157] Die Schmuggler fielen nicht nur durch ihr rechtswidriges Verhalten auf, sondern zeigten auch noch gewalttätige Züge.

> *„Die Leute [in Nordtirol] sind [...] sehr gutmütig, es ist ein guter Menschenschlag, sie sind absolut nicht streitsüchtig, [...] diese italienischen Lire aber machen den Menschen zur Bestie [...], sie erwecken in ihm alle furchtbaren Leidenschaften, die in einem Menschen nur schlummern können, und dieser Drang nach dem welschen Gelde geht sogar soweit, daß er die entsetzliche Eigenschaft erweckt, mit Gewalt, wenn sich Hindernisse entgegenstellen, die Bahn freizumachen [...]“*[158]

Nun stellt sich natürlich die Frage, wie profitabel der Schmuggel wirklich war, angesichts der Tatsache, dass die Menschen so stark von ihren angeblichen Idealen abwichen.

Unbestreitbar ist, dass die beteiligten Personen einen enormen Gewinn machten – sowohl beim Schmuggel über die italienische als auch über die deutsche bzw. Schweizer Grenze. Die „Volkszeitung“ vom 27. Jänner 1920 berichtete, dass Händler zu diesem Zeitpunkt für den Transport von Vieh nach Italien 6–8 Lire – ungefähr 108 Kronen – pro Kilo Lebendgewicht verdienten.[159]

Diese hohen Preise motivierten die Nordtiroler Täter dazu, immer mehr über die Grenze zu schmuggeln, während im Lande ein gewöhnlicher, rechtschaffener Familienvater außerstande war, für sich und seine Familie zu sorgen.[160] All jene, die sich an diesem schmutzigen Geschäft beteiligten, bereicherten sich „Tag für Tag auf Kosten der armen, notleidenden, ehrlichen Bevölkerung [und] leb[t]en in Fraß und Völlerei [...]“[161]:

> *„Wann endlich wird Vernunft einkehren und der Betrug am eigenen Volke allen Eltern und der Jugend ins Gewissen kommen? Wird es doch noch notwendig sein, alle diejenigen in der Zeitung bei Namen zu nennen, die um schmutzige Lire alles über die Grenze schleppen, hauptsächlich nur darum, um ihren Leib herauszuputzen, während viele andere für Geld und gute Worte nicht einmal das Notwendigste zum Leben erhalten?“*[162]

---

157 *Vgl. „Volkszeitung“ vom 27.01.1920, S. 1, abrufbar unter: digital.tessmann.it*

158 *Volkszeitung“ vom 01.02.1920, S. 8, abrufbar unter: digital.tessmann.it*

159 *Vgl. „Volkszeitung“ vom 27.01.1920, S. 1, abrufbar unter: digital.tessmann.it*

160 *Vgl. „Lienzer Nachrichten“ vom 17.01.1920, S. 1, abrufbar unter: digital.tessmann.it*

161 *Ebd.*

162 *„Lienzer Nachrichten“ vom 02.04.1921, S. 3, abrufbar unter: digital.tessmann.it*

Was wurde über die Grenze geschafft? Im Grunde alles, was nicht niet- und nagelfest war: Neben Vieh, Häuten, Wolle, Fleisch und Butter wurden auch Bedarfsartikel wie Kleider, Schuhe, Wäsche und Stoffe sowie Gegenstände für den Hausbedarf über die Grenze verschleppt.[163] Auch der Schmuggel mit Zigaretten war ein sehr lohnendes Geschäft.[164]

Allgemein wurden meist jene Waren über die Grenze gebracht, für die in Italien ein Einfuhrverbot bestand oder für die wegen der stärkeren Nachfrage ein höherer Preis bezahlt wurde.[165]

Die Schmuggler bedienten sich verschiedener Kniffe, um ihre Waren über die Grenze zu schaffen.

Die Schmuggler bedienten sich verschiedener Kniffe, um ihre Waren über die Grenze zu schaffen. Der „Tiroler Grenzbote" berichtete am 25. Juni 1921 über einige Tricks, die von Grenzreisenden zum Transport angewandt wurden: Die Schmuggler ließen sich zum Beispiel Schuhe mit ausgehöhlten Sohlen, Stöckeln und Doppelsohlen oder spezielle Musikinstrumente, Musikkoffer mit doppeltem Boden oder Lederkoffer aus Sohlenleder, das jenseits der Grenze dann weiterverarbeitet werden sollte, anfertigen. Zum Transport von Kleidungsstücken trugen Männer beispielsweise mehrere Hosen übereinander.

163 Vgl. „Lienzer Nachrichten" vom 10.01.1920, S. 1, abrufbar unter: digital.tessmann.it

164 Vgl. „Volkszeitung" vom 30.07.1921, S. 6, abrufbar unter: digital.tessmann.it

165 Vgl. „Volkszeitung" vom 11.07.1920, S. 9, abrufbar unter: digital.tessmann.it

Zusätzlich wurde viel, vor allem kleinere Dinge, unter den Kleidungsstücken versteckt, weswegen bei den Grenzkontrollen nicht selten auch Ärzte und Hebammen zu Rate gezogen werden mussten.

Diese Verhältnisse führten zu einem deutlichen Mehraufwand im Grenz- und Reiseverkehr, wobei das reisende Publikum diese Unannehmlichkeiten zweifellos stärker zu spüren bekam als die Täter selbst.[166]

Beim Warenschmuggel im Grenzverkehr hatten sich die Schmuggler auch noch allerhand andere Listigkeiten einfallen lassen, um die Kontrollen zu umgehen bzw. das Zugpersonal zu täuschen. Vorteilhaft war dabei sicherlich, dass die Maßnahmen der Finanzkontrolle in Steinach – wo alle Züge, die über die Grenze fuhren, untersucht wurden – mangelhaft waren.

Die „Volkszeitung" vom 11. Juli 1920 führte unter anderem aus, dass die Wagondächer der Züge über Nacht als Depot für die Schmugglerwaren benutzt wurden. Die Zeitung beschrieb, wie die Zugkontrollen in Steinach umgangen wurden – zum Beispiel stiegen die Schmuggler auf der verkehrten Seite aus und in die bereits kontrollierten Waggons wieder ein oder gingen während der Kontrolle in das Bahnhofshotel und stiegen erst wieder in den Zug, sobald die Durchsuchungen abgeschlossen waren.

166 Vgl. „Tiroler Grenzbote" vom 25.06.1921, S. 5, abrufbar unter: digital.tessmann.it

Berechtigterweise appellierte die Zeitung an die Zuständigen, den Zug während der Kontrollen abzuschließen sowie diesen auch genauestens von außen und innen zu untersuchen, was aufgrund des Personalmangels in Steinach jedoch (zu dieser Zeit) nicht umsetzbar war.

Auch die Tatsache, dass zwischen Steinach und Brenner noch die Station Gries lag, und alle Fahrgäste, die eine Fahrkarte bis dorthin hatten, nicht kontrolliert wurden, bot zusätzlichen Spielraum für den Schmuggel. So wurde von Personen berichtet, die eine Fahrkarte bis Gries kauften und diese dann nach der Kontrolle im Zug bis zum Brenner verlängerten (und so der Kontrolle entgingen), und von anderen, die Mithelfer dafür bezahlten, dass sie die Ware in Innsbruck oder einer anderen Station entgegennahmen, durch ihre lediglich bis Gries gelöste Fahrkarte der Kontrolle entgingen, und die Ware dann anschließend den Auftraggebern – die eine Fahrkarte bis zum Brenner hatten – im Zug übergaben.[167]

Die Schmuggler waren also keinesfalls einfallslos und den unter Personal- und Initiativmangel leidenden Finanzbehörden öfter einen Schritt voraus ...

Viehschmuggel

Der wohl lukrativste und dadurch am häufigsten ausgeführte Schmuggel war wohl der von Vieh.

Nachfolgend wird anhand einiger interessanter Beispiele aufgezeigt, wie der Viehschmuggel vonstatten gegangen ist und was seinen Reiz ausmachte.

Die „Volkszeitung“ kritisierte am 26. März 1921 die sogenannte „neutrale Zone“ an der Brennergrenze, die den Viehschmugglern ganz besonders zugute kam. Dabei handelte es sich um ein etwa ein Kilometer breites Gebiet von der Waffenstillstandsgrenze bis zur nördlich gelegenen Vorpostenlinie, die Italien 1919 gezogen hatten. Es reichte vom Vennertal bis zum Nordende des Brennersees. Die Italiener konnten sich in diesem Raum frei bewegen, während den österreichischen Amtsorganen der Zutritt verwehrt wurde. Der praktische Nutzen dieser Zone war nie wirklich ersichtlich gewesen, zumal sich Italien ja auch nicht vor einem österreichischen Überfall fürchten musste.

Wie konnte diese Zone nun aber zu einer „Schmugglerzone“, wie sie die Zeitungen zu bezeichnen pflegten, werden? Ganz einfach – das Vieh, das einmal in diese Zone gebracht worden war, konnte ohne Probleme über die italienische Grenze geschmuggelt werden. Ein Einschreiten der österreichischen Grenzorgane war nicht mehr zu befürchten, die Italiener schützten dieses Gebiet und begünstigten dadurch den Schmuggel.

Der Viehschmuggel am Brenner lief ungefähr so ab: Auf österreichischen Märkten kauften die Schmuggler Vieh in größeren Mengen zu sehr günstigen Preisen. Anschließend wurde es in verschiedenen Stallungen untergebracht. Dann kamen die Schmuggler mit einem leeren Wagen nach Gries, warfen ein paar Säcke Sägespäne, Heu oder dergleichen darauf, holten die Rinder ab und spannten diese vor den Wagen. Diese „Maskerade“ wurde sehr häufig von den Grenzbewohnern beobachtet und diente dazu, den Viehschmuggel

167 *Vgl. „Volkszeitung“ vom 11.07.1920, S. 9, abrufbar unter: digital.tessmann.it*

möglichst unauffällig aussehen zu lassen, indem eine normale Fuhr vorgetäuscht wurde. Anschließend wurde das Vieh nahe an die Grenze gebracht. Sobald es unauffällig in die neutrale Zone getrieben werden konnte, war es für die österreichischen Grenzbeamten unmöglich, den Schmuggel noch aufzuhalten.[168]

Weitere Beispiele aus den Zeitungen zeugen von einem groß angelegten Viehschmuggel im Sommer 1921. So wurden beispielsweise in der Zeit vom 16.–18. September bis zu 80 Stück Vieh pro Tag übers Zillertal nach Sterzing transportiert – ein Tierarzt stellte an der Dominikushütte die benötigten Viehpässe aus. Auch über den Obernberg wurden mehrere hundert Stück Vieh nach Südtirol getrieben. Am 20. September 1921 befanden sich ungefähr 1.000 Tiere in Sterzing – von dort gingen die Transporte weiter nach Süden, während immer wieder neue Rinder aus dem Norden folgten. Daran verdienten zwar beispielsweise auch die Sterzinger Bauern, die pro Stück Vieh zwischen 15 bis 20 Lire Stallgeld einnahmen, aber die italienischen Händler hatten ohne Zweifel den größten Nutzen an der ganzen Sache.[169]

Die „Volkszeitung" vom 20. September 1921 gab einen Artikel aus dem „Tiroler" wieder, der die Auswirkungen des Schmuggels gut zusammenfasste:

> *„Ein Nonstaler Händler, der an der Einfuhr stark beteiligt ist, rühmte sich: In Nordtirol kaufe er das Stück Vieh um 500 L., Spesen weitere 500 Lire, machen 1000 Lire; und [in Südtirol] verkauft er das Stück Vieh um 2500 Lire. Ein himmelschreiender Skandal. Dem Nordtiroler Bauer wird das Vieh um ein Spottgeld abgenommen; der Südtiroler Viehbauer sieht seine Preise ins Uferlose sinken; der Nordtiroler Konsument bekommt kein Fleisch und der Südtiroler Konsument bekommt es nicht um einen Centesimo billiger als bisher; Händler und Fleischer sorgen schon dafür. Den ganzen Nutzen hat also einzig und allein der Händler. Und die Regierung mag zu so was ihre Hand bieten."*[170]

Blick auf das kleine Örtchen Gries am Brenner, das durch die Nähe zur italienischen Grenze bei Schmugglern beliebt war.

Die Hungersnot der Tiroler Bevölkerung wurde durch den regen Viehschmuggel immer akuter, zumal der Großteil der geschmuggelten Rinder Schlacht-

168 *Vgl. „Volkszeitung" vom 26.03.1921, S. 5, abrufbar unter: digital.tessmann.it*

169 *Vgl. „Volkszeitung" vom 20.09.1921, S. 1, abrufbar unter: digital.tessmann.it*

170 *„Volkszeitung" vom 20.09.1921, S. 1, abrufbar unter: digital.tessmann.it*

vieh war. Man trieb das ganze Vieh in den Süden, während den Nordtirolern kaum Nahrungsmittel zum Überleben blieben.[171]

Tatsächlich hatte die römische Regierung die Einfuhr von Vieh aus Österreich und Ungarn kurz vor Erscheinen des oben genannten Artikels verboten. Trotzdem war es nicht möglich, die mehrere hundert Kilometer lange Grenze zwischen Österreich und Italien genügend zu überwachen, um den Viehschmuggel zu unterbinden – zumal amtliche Tierärzte auch weiterhin Viehpässe ausstellten.[172]

Eine ziemliche Blamage, den Viehschmuggel betreffend, musste auch das Finanzamt in Steinach an Neujahr 1920 hinnehmen: Das Zollamt wurde im unteren Teil des Dorfes errichtet, wodurch es über zwei äußere Übergänge möglich war, die Zollkontrollen zu umgehen. So wurden von einer bekannten Firma 28 Rinder ungestört auf der Hauptstraße über den Brenner getrieben – niemand hatte sie aufgehalten.[173] So etwas gehörte schon zur Normalität ...

Der Viehschmuggel war ein sehr lohnendes Geschäft und dadurch sehr schwierig zu verhindern. Die halbherzigen Versuche der italienischen Regierung und die Maßnahmen der durch Personalmangel und fehlender Initiativkraft geschwächten österreichischen Regierung reichten bei Weitem nicht aus. Leidtragende waren – wie immer – die einfachen Bürger, die sowohl mit Geld- als auch Nahrungsmittelmangel zu kämpfen hatten, während sich Händler und Schmuggler bereicherten.

171 *Vgl. „Volkszeitung" vom 20.09.1921, S. 1, abrufbar unter: digital.tessmann.it*

172 *Vgl. Ebd.*

173 *Vgl. „Volkszeitung" vom 11.07.1920, S. 9, abrufbar unter: digital.tessmann.it*

Maßnahmen gegen den Schmuggel

> *„Diese Schufte möchten wir hinauf in den Norden Sibiriens wünschen, wo noch so unzählige unserer braven, tapferen Söhne schmachten müssen. Gewiß kommt auch für diese infame Menschenklasse einmal der Tag der Abrechnung [...]"*[174]

Die Regierungen bekämpften den Schmuggel mit verschiedenen Maßnahmen. Im Folgenden stehen sowohl die gesetzlichen Bestimmungen und Vorgehensweisen zur Eindämmung des Schmuggels als auch Aufrufe und Aufforderungen an die Bevölkerung und Öffentlichkeit im Fokus.

In den Zeitungen wurden immer wieder Appelle an die österreichische Regierung, aber auch an die Bevölkerung laut, Maßnahmen gegen den Schmuggel zu verstärken bzw. die Zahl der Festnahmen durch das Anzeigen verdächtiger Personen zu erhöhen.

Laut „Lienzer Nachrichten" vom 10. Jänner 1920 sei die gesamte Bevölkerung dafür gewesen, „alle die landfremd sind, [...] ohne jede Schonung nach exemplarischer Abstrafung und Abnahme ihrer erwucherten Mittel [abzuschieben] und so das Land von den Parasiten [zu befreien]"[175]. Dafür war es aber notwendig, dass die gesamte Bevölkerung mithalf und alle Verdächtigen – Schleichhändler, Schmuggler, Schieber und Wucherer – anzeigte.[176]

174 *„Lienzer Nachrichten" vom 17.01.1920, S. 1, abrufbar unter: digital.tessmann.it*

175 *„Lienzer Nachrichten" vom 10.01.1920, S. 1, abrufbar unter: digital.tessmann.it*

176 *Vgl. „Lienzer Nachrichten" vom 10.01.1920, S. 1, abrufbar unter: digital.tessmann.it*

Die Maßnahmen der Regierung waren jedoch unzureichend, um die gewaltige Masse an Schmugglern aufhalten zu können. Der Appell an die Obrigkeit, sich stärker für die Bevölkerung einzusetzen und härtere Strafen zu verhängen, zog sich durch diverse Zeitungsartikel:

> *„Auch die Gefahr, daß es zu Zusammenstößen kommt, darf die Landesregierung vor entscheidenden Schritten nicht zurückhalten; sie muß nur die Vorbereitungen treffen, damit bei Zusammenstößen die Ordnungsmacht sich durchsetzt. Jede Schwäche in diesem Augenblick kann uns allen zum Verderben werden. Die Landesregierung muß ihre Autorität gegen die Vaterlandsverräter [...] durchsetzen [...]"*[177]

> *„Darum auch muß von der Regierung verlangt werden, daß sie nicht nur mit den schärfsten Strafen droht, sondern diese auch zur Tat werden läßt und alle Mittel zur Verfügung stellt, die der Schande ein radikales Ende machen."*[178]

> *„Es ist wohl selbstverständlich, daß [...] dem einträglichen Geschäfte des Schmuggels nur mit exemplarischen Strafen Einhalt geboten werden kann. Nebst dem vollständigen Verfall der beschlagnahmten toten und lebenden Ware sollten den Schmugglern und deren Helfern hohe Geldstrafen und ganz besonders noch empfindliche Freiheitsstrafen auferlegt werden. Eine längere Verköstigung mit Wasser und Brot und der Verzicht auf das gewohnte Pfeifchen wäre das geeignete Mittel, um diese habsüchtigen Bauern [...] kirre zu machen, und wenn sie schon kein Mitgefühl für ihre Nebenmenschen haben, so müssen sie eben im Hinblicke auf die zu gewärtigenden Strafen zur Einhaltung der gesetzlichen Vorschriften gefügiger gemacht und somit also zwangsweise zu ihrer Pflichterfüllung erzogen werden."*[179]

Dass die Zollbehörden nicht immer angemessen reagieren konnten, lag nun zu einem Teil am Personalmangel. Wie sollten sie auch die Brennergrenze richtig überwachen können, wenn ihnen im Frühjahr 1922 für den gesamten Pass nur 2–3 Mann zur Verfügung standen? Das war lächerlich, genauso wie die Tatsache, dass zu diesem Zeitpunkt ebenfalls nur 1–2 Mann eine rund 12 Kilometer lange Gebirgsgrenze am Obernberg überwachen sollten. Wobei die Arbeit der Behörden nicht ganz umsonst war – so ging aus den Tätigkeitsberichten der Finanz- und Zollwache hervor, dass es immer wieder zu Festnahmen kam.[180]

Durch eine Aufstockung des Personals sowie entsprechende weitere Maßnahmen hätten ohne Zweifel noch größere Erfolge erzielt werden können. Die Regierung hatte sich jedoch weder darum noch um eine bessere Versorgung der Grenzorgane bemüht. Diese Zustände wurden von den Zeitungen scharf kritisiert und ein ums andere Mal aufgezeigt, wie unwürdig die Beamten an der Grenze hausen mussten.

177 „Volkszeitung" vom 27.01.1920, S. 1, abrufbar unter: digital.tessmann.it

178 „Lienzer Nachrichten" vom 10.01.1920, S. 1, abrufbar unter: digital.tessmann.it

179 „Volkszeitung" vom 18.04.1920, S. 9, abrufbar unter: digital.tessmann.it

180 Vgl. „Volkszeitung" vom 01.04.1922, S. 11, abrufbar unter: digital.tessmann.it

Es gab Beschwerden über zu wenig Butter und Fett zum Kochen, es fehlte eine angemessene Verpflegung, damit die Grenzer ihre Arbeit auch richtig ausüben konnten.[181]

Die „Volkszeitung" vom 18. April 1920 zeigte Gründe auf, wieso sich die österreichische Landesregierung bis dato so passiv gegenüber den Schmugglern verhalten hatte. Es war meist entweder zu gar keiner Anzeige gekommen, oder die gefällten Strafen wurden nicht kassiert. Die Ursachen dafür waren parteipolitischer Natur: Die Hauptprofiteure des Schmuggels waren auf österreichischer Seite die Bauern, die zugleich auch die Kerntruppe der christlich-sozialen Regierungspartei bildeten. Dementsprechend wollte es sich die Regierung nicht mit ihnen verscherzen, da sie auf deren Rückhalt angewiesen war.[182] Die Bauern waren für die Regierung ein „Rühr-mich-nicht-an"[183]. Hätte es von Anfang an harte Strafen für das unsaubere Geschäft gegeben, so die „Volkszeitung" weiter, hätte das als abschreckendes Beispiel gedient. Wenn der Schmuggel aber in dieser Form stillschweigend geduldet wurde, war es kein Wunder, dass sich immer mehr Menschen daran beteiligten.[184]

Wurden dann aber Kontrollen an den Grenzen durchgeführt, erschien die Art der Umsetzung vonseiten der Italiener mitunter zu hart. So berichtete „Alpenland" am 13. April 1920 über mehrere Beschwerden von Reisenden, da sie sich an der Grenze einer peniblen Untersuchung unterziehen mussten.

181 Vgl. „Volkszeitung" vom 18.04.1920, S. 10, abrufbar unter: digital.tessmann.it

182 Vgl. Ebd., S. 9

183 Ebd.

184 Vgl. Ebd.

Bei den Passvisitationen wurden die Namen der Reisenden in einem Buch überprüft, als ob es sich dabei um eine Art „Schwarze Liste" handelte. Auf dieser standen Personen, die bereits Schwierigkeiten bereitet hatten oder unter einem solchen Verdacht standen.

Hin und wieder führten Carabinieri bei einer Kontrolle Reisende in eine Baracke und ließen sie erst wieder frei, sobald sie sich einer übertrieben gründlichen Untersuchung unterzogen hatten. Zumindest verdächtigte man die Behörden ausnahmsweise einmal nicht, aus politischen Gründen derart streng zu handeln – Südtirol war ihnen ja sicher –, sondern vermutete vielmehr, dass sie wirklich den Schmuggel einzudämmen versuchten. So war es naheliegend, dass auf jene Personen, die oft die Grenze passierten, ein wachsames Auge geworfen wurde, da sie eher im Verdacht des Schmuggels standen. Trotzdem appellierte die Zeitung an die zuständigen italienischen Stellen, die unliebsame Härte bei solchen Untersuchungen zu verringern.[185]

Maßnahmen gegen den Schmuggel waren auf jeden Fall zu befürworten, jedoch richteten sich die harten Verfahren wieder einmal zum Großteil gegen die unschuldige Bevölkerung. Sie musste es über sich ergehen lassen, während sich die Schmugglerbanden genug Kniffe hatten einfallen lassen, um Kontrollen zu umgehen – sie brachten am helllichten Tage in aller Seelenruhe Vieh und andere Güter über die Grenze ...

185 Vgl. „Alpenland" vom 13.04.1920, S. 3, abrufbar unter: digital.tessmann.it

„Dem Schmugglerunwesen kann nach unseren Dafürhalten durch die schärfste Grenzbewachung nicht gänzlich Einhalt geboten werden. Die geriebensten Gauner gehen doch nicht in die Falle und dem Staate erwachsen nur erhöhte Kosten."[186]

Strafen und Festnahmen

In diesem Unterkapitel stehen Festnahmen, die Strafen der Schmuggler sowie die Täter an und für sich im Mittelpunkt. Dafür wurden verschiedene Berichte aus den lokalen Zeitungen zusammengetragen, die nachfolgend vorgestellt werden.

Auch wenn die Maßnahmen zur Bekämpfung des Schmuggels nicht ausreichend waren und viel mehr Personen hätten festgenommen werden können, waren die Arrestzellen doch immer überfüllt.[187]

Bereits früh wurde gefordert, dass die „wegen Schmuggel gefällten Strafen öffentlich in der Presse kundgemacht würden"[188]. So wurden die erfolgreich überführen Schmuggler in den Zeitungen angeprangert und als Negativbeispiel angeführt. Entweder unter der Rubrik „Pranger-Tafel", wo nur knapp Name und Wohnort aufgelistet wurden, oder in kurzen Artikeln, in denen neben Name und Wohnort auch die Art des Vergehens sowie die Strafe beschrieben wurden.[189] Diese öffentliche Bekanntmache sollte die Betroffenen ein ums andere Mal bloßstellen, aber auch Nachahmungen entgegenwirken – sozusagen eine erzieherische Funktion ausüben.[190]

So berichteten die „Lienzer Nachrichten" am 11. Februar 1920 unter der Überschrift „Wieder einer" über den Landwirt Alois Eder aus Dölsach, der wegen Verkaufes von zwei Pferden an die Italiener und wegen Beihilfe zum Schmuggel über die Grenze zu einer Geldstrafe von 10.000 Kronen und einem Monat Arrest verurteilt wurde.[191]

Später wurden in einzelnen Fällen unter der Überschrift „Im Namen der Republik" unter Nennung der Gesetzesverstöße die verhafteten Personen, deren Vergehen und Strafen detailliert angeführt.[192] Diese Artikel waren sehr konkret gegliedert, wirkten durch den Bezug zu den gebrochenen Gesetzen und den Gerichtsverfahren sehr formell und sollten wohl auch bei der Leserschaft großen Eindruck machen:

„Im Namen der Republik!

Der Einzelrichter des Landesgerichtes Innsbruck Abt. XIII hat in der Hauptverhandlung am 20. April 1922 in Gegenwart des Staatsanwaltes Dr. Huber, des Angeklagten

Johann Wieser, geb. am 6. Jänner 1871 in Sillianerberg, Bezirk Lienz, dorthin zuständig,

186 *„Lienzer Nachrichten" vom 17.01.1920, S. 1, abrufbar unter: digital.tessmann.it*

187 *Vgl. „Lienzer Nachrichten" vom 10.01.1920, S. 1, abrufbar unter: digital.tessmann.it*

188 *Vgl. „Volkszeitung" vom 18.04.1920, S. 10, abrufbar unter: digital.tessmann.it*

189 *Vgl. „Lienzer Nachrichten" vom 11.02.1920, S. 3, abrufbar unter: digital.tessmann.it*

190 *Vgl. „Volkszeitung" vom 18.04.1920, S. 10, abrufbar unter: digital.tessmann.it*

191 *Vgl. „Lienzer Nachrichten" vom 11.02.1920, S. 3, abrufbar unter: digital.tessmann.it*

192 *Vgl. „Lienzer Nachrichten" vom 20.05.1922, S. 5, abrufbar unter: digital.tessmann.it*

r. k., verheiratet, Bauer zu ‚Hofer' in Sillianerberg im vereinfachten Verfahren über den vom Ankläger gestellten Antrag auf Bestrafung des Genannten wegen Verbrechens des Schmuggels nach § 11 des Gesetzes vom 9. März 1921 [...] zu Recht erkannt:

Der Angeklagte ist schuldig, am 6. März 1922 in Sillianerberg einen 2 jährigen Ochsen sowie eine ebenso alte Kalbin an Josef Söllmann in Winnebach, Bezirk Welsberg (Italien) um 1550 Lire verkauft und mit Söllmann an die Reichsgrenze getrieben zu haben, somit es unternommen zu haben, Vieh im Werte von über 50.000 Kr. gegen ein bestehendes Verbot ins Ausland zu schaffen.

Er hat hiedurch das Verbrechen des Schmuggels [...] begangen und wird [...] zur Strafe des Kerkers in der Dauer von 4 (vier) Wochen, [...] zu einer Geldstrafe in der Höhe von 400 000 Kr. (vierhunderttausend Kronen) im Falle der Nichteinbringung zu 3 Monaten strengen Arrest und [...] zum Ersatze der Kosten des Strafverfahrens verurteilt.

Gemäß § 18 des bezogenen Gesetzes wird auf einmalige Veröffentlichung dieses Urteiles in den ‚Lienzer Nachrichten' auf Kosten der Angeklagten erkannt."[193]

Spannend ist die Tatsache, dass die Veröffentlichung in der Zeitung bereits im Gesetz verankert wurde. Dies zeugt deutlich davon, welch große Wichtigkeit dem öffentlichen Zurschaustellen beigemessen wurde.

Nicht nur Männer, sondern auch Frauen wurden öffentlich vorgeführt, so berichteten die „Lienzer Nachrichten" am 2. April 1921 über drei Bauerntöchter, die erwischt wurden, als sie eine größere Menge Eier nach Innichen schaffen wollten.[194] Die Zeitung verbreitete die – den damaligen Geschlechterverhältnissen entsprechende – Auffassung, dass die Frauen mit dem schnell verdienten Geld „recht viel Litzen und Bandlen für den Kleiderschmuck einkaufen"[195] wollten und legte noch einmal nach, indem sie einwarf, dass die Schmuggler alles über die Grenze schaffen würden, „hauptsächlich nur darum, um ihren Leib herauszuputzen"[196].

In längeren Artikeln, in denen es nicht nur um die Schmuggler selbst ging, sondern auch um damit einhergehende Themen, dienten diese Beispiele als Mahnung. Der Appell an die Moral der Bürger bzw. die Darstellung der negativen Eigenschaften der Schmuggler wurde besonders deutlich.

Am 1. April 1922 wurde in der „Volkszeitung" über die mangelhafte Bewachung der Brennergrenze und den dadurch florierenden Schmuggel berichtet. Als Beispiel wurde die Festnahme des Oberbauarbeiters Georg Spörr aus Gries angeführt, der von der Finanzwache beim Schmuggeln von 2 Kilo Saccharin und 22 Schachteln Zigaretten erwischt wurde. Über eine Abholstelle für Lebensmittel in Pflersch soll er den Weg nach Italien genommen haben. Spörr sei zwar

193 *„Lienzer Nachrichten" vom 20.05.1922, S. 5, abrufbar unter: digital.tessmann.it*

194 *Vgl. „Lienzer Nachrichten" vom 02.04.1921, S. 3, abrufbar unter digital.tessmann.it*

195 *Ebd.*

196 *Ebd.*

ein fleißiger Kirchenbesucher gewesen, jedoch hielt ihn das nicht vom Schmuggeln ab.[197]

> *„Die Sucht nach leichtem Gelderwerb und die Befriedigung des heiligen Egoismus erwiesen sich somit wieder stärker als die Betätigung der christlichen Glaubenssätze und beweist diese Tatsache abermals, daß dem gewohnheitsmäßigen Scheinchristentum jeder innern Kern fehlt.“*[198]

So wollte der Verfasser des Artikels den Lesern noch einmal scharf ins Gewissen reden, die negativen Eigenschaften der Schmuggler kritisch hervorheben und damit zeigen, welch schlechte, vom Christentum abgekommene Menschen die Schmuggler doch waren.

Beobachter hatten [...] festgestellt, dass sich italienische Amtsorgane aktiv am Schmuggel beteiligten.

Neben den Privatpersonen, die Schmuggel betrieben, wurde auch von Ordnungskräften berichtet, die sich entweder aktiv daran beteiligten oder passive Mithelfer waren, indem sie den Schmuggel einfach ungeachtet weiterlaufen ließen. Laut „Volkszeitung“ vom 11. Juli 1920 hatten Beobachter mehrfach festgestellt, dass sich italienische Amtsorgane aktiv am Schmuggel beteiligten.

So wurde beispielsweise beobachtet, dass Carabinieri, die im Zug für die Passkontrollen zuständig waren, Handgepäck von Reisenden, die über den Brenner wollten, in ihre Verwahrung nahmen, damit das Gepäck auf diese Weise den Kontrollen in Steinach entging.[199]

Nachdrücklich verlangte die Zeitung nun, dass auch die italienischen Amtsorgane und deren Gepäck kontrolliert und „mit dem bisherigen Respekt vor der italienischen Uniform endlich einmal aufgeräumt“[200] werden sollte.

Auch das folgende Beispiel zeugt von der aktiven Mithilfe der italienischen Ordnungskräfte beim Schmuggel nach Italien. So berichtete die „Volkszeitung“ vom 18. April 1920 davon, dass in der Nacht des 16. Jänners 1920 fünf Rinder über die Brennergrenze gebracht worden waren. Dieser Transport wurde von vier bewaffneten italienischen Soldaten begleitet, die dem Viehzug sogar bis Vinaders am Eingang des Obernbergtals entgegenkamen. Anschließend begleiteten sie ihn bis zum Brennersee, kehrten von dort wieder nach Gries zurück und ließen verlauten, dass sie noch einen weiteren Transport übernehmen mussten.[201]

---

197 Vgl. „Lienzer Nachrichten“ vom 02.04.1921, S. 3, abrufbar unter digital.tessmann.it

198 „Volkszeitung“ vom 01.04.1922, S. 11, abrufbar unter: digital.tessmann.it

199 Vgl. „Volkszeitung“ vom 11.07.1920, S. 9, abrufbar unter: digital.tessmann.it

200 Ebd.

201 Vgl. „Volkszeitung“ vom 18.04.1920, S. 9, abrufbar unter: digital.tessmann.it

Schmugglergeschichten

Abschließend sollen drei kurze, vielleicht auch zum Schmunzeln einladende Schmugglergeschichten nacherzählt werden.

Unter Mitwirkung der Carabinieri hatte sich am Brenner folgender kurioser Geldschmuggel vollzogen, der glücklicherweise rechtzeitig von der Grieser Finanzwache unterbunden werden konnte:

Am 25. Juni 1920 fuhr der Kaufmann Angelini aus Bozen, der auch in Innsbruck ein Kommissionsgeschäft besaß, mit dem gemischten Zug von Innsbruck nach Brenner. Mit einem Auto ließ er sich eine Ledertasche mit rund 1.200.000 Kronen nachliefern – Zug und Auto kamen zeitgleich in Steinach an. Nun meldete sich der Fahrer beim sich im Zug befindenden Herrn Angelini, der bereits mit einem Carabiniere im Gespräch war. Daraufhin ging der italienische Polizeibeamte mit dem Mann zum Auto und beide fuhren in diesem bis zur nächsten Haltestelle des Zugs in St. Jodok am Brenner. Dort stieg der Carabiniere aus dem Wagen und eilte mit Angelinis Ledertasche zum Zug, der sich wieder zur Abfahrt bereitmachte. Dort angekommen, stieg er auf der verkehrten Seite im hinteren Teil des Zuges in einen Güterwagon. Dieses verdächtige Verhalten des italienischen Polizisten war nun aber der Finanzwache Gries aufgefallen, und so fuhr ein Beamter im Zug bis Gries mit und konnte beobachten, wie der Carabiniere vom hinteren Ende des Zugs in die Zweite Klasse kam und dem Herrn Angelini, der dort saß, die Geldtasche überreichte. Der italienische Kaufmann wurde auf frischer Tat ertappt und verhaftet, während die Tasche in Beschlag genommen wurde.[202]

Am 26. Mai 1920 informierte die „Volkszeitung" über die Machenschaften des Kerschbaumer-Wirts am Brenner: Bei einer Hausdurchsuchung im Gasthaus Kerschbaumer am Brenner wurden drei Kilo Saccharin und hundert Schachteln ägyptische Zigaretten beschlagnahmt. Der Kerschbaumer-Wirt – ein ehemaliger Gemeindevorsteher – war ein Patriot, was er immer wieder bei verschiedenen Gelegenheiten zur Schau stellte. Doch hielt ihn das nicht davon ab, sein Gasthaus zum Umschlagplatz für den Schmuggel über den Brenner zu machen. Vor allem der Saccharin-Schmuggel wurde lebhaft betrieben – in Südtirol war der Artikel sehr gefragt und wurde gut bezahlt –, ganze Säcke davon lagerten bis zu ihrer Überfahrt nach Italien im Kerschbaumer-Haus. Aber schon früher hatte sich der Kerschbaumer-Wirt an unsauberen Geschäften beteiligt: Beim überhasteten Rückzug im November 1918 nahm er an der Station Brenner (zusammen mit zwei anderen bekannten Herren) einige Fuhren Staatsgüter entgegen, die er dann überteuert weiterverkaufte und damit ein schönes Geld verdiente.[203]

Der Kerschbaumer-Wirt beteiligte sich über einen längeren Zeitraum an den unsauberen Machenschaften, wobei ihm seine günstige Lage nahe der Grenze sehr gelegen kam.

202 *Vgl. „Volkszeitung" vom 11.07.1920, S. 9, abrufbar unter: digital.tessmann.it*

203 *Vgl. „Volkszeitung" vom 26.05.1920, S. 5, abrufbar unter: digital.tessmann.it*

Eine weitere Schmugglergeschichte wurde am 26. März 1921 in der „Volkszeitung" veröffentlicht und mit folgenden Worten eingeleitet:

> *„Ab und zu kommt bei diesem Geschäfte auch der Humor auf seine Rechnung. So wurde hier der am 23. Februar d. J. verunglückte Viehschmuggel viel belacht."*[204]

Am genannten Tag wurde um halb 6 Uhr früh der Versuch unternommen, eine Kuh in die „Neutrale Zone" am Brenner – die ja, wie bereits beschrieben, keine österreichischen Grenzsoldaten betreten durften – zu schmuggeln. Der Treiber wurde aber zusammen mit der Kuh von einem vor der Grenze postierten österreichischen Finanzsoldaten angehalten.

Auf die Frage, was dieser mit der Kuh zu beabsichtigen gedenke, antwortete der Treiber, dass er sie zu einem Stier führen wollte, der im Besitz eines Pächters in der sogenannten Schmugglerzone war. Als nun aber die Kuh und der Stier zusammengeführt wurden, zeigten beide kein Interesse aneinander – und schon gar kein Annäherungsbedürfnis. Daraufhin wurde der Nottierarzt zu Rate gezogen, der erklärte, dass die Kuh im Mai kalben werde ...

Für die Kuh hätte der bekannte Schmuggler Alois Wieser, Pächter in Brennerbad, 2.000 Lire bezahlt. Das Geschäft war nun aber hinfällig und die Kuh wurde am nächsten Tag für 22.000 Kronen versteigert.[205]

204 *Volkszeitung vom 26.03.1921, S. 5, abrufbar unter: digital.tessmann.it*

205 *Vgl. Volkszeitung vom 26.03.1921, S. 5, abrufbar unter: digital.tessmann.i*

Blick auf den Wilden Freiger.

Auf dem Wilden Freiger.

Fototermin
beim Vermessen.

Auswirkungen auf das alltägliche Leben

Auswirkungen auf das alltägliche Leben

Die neue Grenze zwischen Österreich und Italien belastete die einheimische Bevölkerung sehr. Die schweren sozialen und wirtschaftlichen Auswirkungen dieser Grenzziehung manifestierten sich in zahlreichen Facetten des Alltags und trugen zu einem zunehmend verschlechterten Verhältnis zwischen Österreich und Italien bei.

In diesem Kapitel werden einige Schicksale beschrieben, Menschen die durch die neue Grenze Veränderungen in ihrem Leben erfuhren oder deren Leben jäh beendet wurde. Das Hauptaugenmerk liegt auf den Folgen für die Grenzgebiete sowie auf jenen Aktivitäten, die direkt mit (illegalen) Grenzübertritten in Verbindung stehen.

Eine der größten Auswirkungen auf das Leben war zu Beginn wohl einfach die Ungewissheit, wie es nach der Grenzziehung vor allem für die Grenzbewohner weitergehen sollte. In einem Artikel der „Innsbrucker Nachrichten" vom 7. September 1920 wurde diese Ungewissheit laut:

> *„[...] Also drüben beim Grießberger Hof beginnt nach streng hydrographischem Gesichtspunkt das Flußgebiet der Donau, somit das in St. Germain den Österreichern zugesprochene Land. Aber wie soll's da gleich dem Bauern auf dem Grießhof ergehen? Sein altes Haus liegt drüben, sein neues hüben. Wenn er zum alten Haus hinüber füttern geht oder Wasserholen, muß er da die Grenze passieren, einen Paß mit Visum holen? Da könnt' er wohl lang warten, am Ende bis Mann und Haus verhungert und verdürstet ist! Oder wenn er drüben einen Einbrecher sieht, muß er da auf die Bewilligung einzugreifen warten und wo muß er den Dieb anzeigen? Und wenn er das neue Haus dem Buben übergibt, darf er auch nur mit Paß hinüber? Oder wenn sich ein Schwein, eine Henne hinüber verirrt? Und wie wird seine Alpenweide getrennt, die dies- und jenseits des Baches liegt? Historisch gehört alles zusammen zum alten Haus, also zu Österreich."*[206]

Ein Vorfall steht sinnbildlich für die gesamte Zeit der Grenzziehung: Der „Tiroler Grenzbote" berichtete am 25. Juni 1921 von einem Brand, der am Brenner im neuen Bahnhofsteil ausbrach – der gesamte Teil brannte nieder, nur das Hauptgebäude konnte gerettet werden.[207] Der letzte Satz des sehr kurzen Artikels lautete:

> *„Die Feuerwehr von Gries am Brenner, die helfen wollte, wurde an der Grenze zurückgewiesen."*[208]

Diese Aussage fasst die Auswirkungen der Grenze treffend zusammen. Nicht nur physische Grenzen, sondern auch bürokratische Hürden bzw. eine Abwehrhaltung des italienischen Staates beeinträchtigten

206 *„Innsbrucker Nachrichten" vom 07.09.1920, S. 4, abrufbar unter: digital.tessmann.it*

207 *Vgl. „Tiroler Grenzbote" vom 25.06.1921, S. 5, abrufbar unter: digital.tessmann.it*

208 *Ebd.*

Blick von Osten auf die Ortschaft Brenner und den dazugehörigen Bahnhof. Hier waren die Auswirkungen der neuen Grenzziehung für die Bevölkerung besonders spürbar.

das Zusammenwirken und die Unterstützung zwischen den Gemeinschaften stark. Selbst in Zeiten der Not und bei akuten Gefahren konnte keine grenzüberschreitende Solidarität entfaltet werden. Dieser Vorfall verdeutlicht, wie die neue Grenze nicht nur bauliche Schranken setzte, sondern auch die zwischenmenschliche und staatenübergreifende Zusammenarbeit auf eine harte Probe stellte.

Über das alltägliche Leben am Brenner erzählt ein Artikel des „Tirolers" vom 31. März 1922: Seit Festsetzung der neuen Grenze gab es ein österreichisches Brenner und ein italienisches Brennero. Die Bewohner auf österreichischem Gebiet (circa 70 Personen) bekamen nun nach und nach Grenzscheine, die ihnen Zutritt zum Bahnhof Brenner gewährten – jedoch nur, um nach Österreich zu fahren. Diese Grenzscheine berechtigten aber nicht zum Besuch der heiligen Messe in der Pfarrkirche, die ebenfalls auf italienischem Gebiet lag, aber laut Beschluss der Grenzkommission von beiden Bevölkerungsgruppen genutzt werden durfte. Dafür war nämlich ein Auslandspass vonnöten, der nach Ablauf immer wieder in Innsbruck verlängert werden musste. Der Kirchgang kam der Bevölkerung nun ziemlich teuer, was – laut den Vereinbarungen, die getroffen wurden – eigentlich nicht zulässig war. Zusätzlich wurde auch immer wieder betont, dass die österreichischen Kinder ohne Grenzschein die Schule – die sich ebenfalls auf italienischem Gebiet befand – wie bisher besuchen dürften. Entgegen dieser Vereinbarung wurden die Schüler aber an der Grenze zu Italien zurückgehalten. Genauso wurde dem Lehrer der Grenzübertritt versagt, wodurch er nicht in seine Wohnung konnte, die sich auf österreichischem Gebiet befand. Kurzerhand reiste er daraufhin ab und die Schule blieb zunächst auf unbestimmte Zeit geschlossen ...[209]

Die komplexen sozialen Veränderungen, die aus der Grenzziehung resultierten, machten sich allmählich im Alltag – vor allem in den Grenzorten – bemerkbar. Der Zugang zu diversen alltäglichen Einrichtungen war mit hohen Kosten verbunden und die Debatten

209 *Vgl. „Der Tiroler" vom 31.03.1922, S. 4, abrufbar unter: digital.tessmann.it*

Die Fraktion Kerschbaum am Brennerpass.

über diese „unleidlichen“[210] Zustände waren sehr kräfteraubend.

Obwohl die Grenzkommission verschiedene Maßnahmen erlassen hatte, um das Leben in den Grenzgebieten zu erleichtern, wurden viele entweder nicht vollständig umgesetzt oder die Menschen stießen bei deren Inanspruchnahme auf derart bürokratische und finanzielle Hürden, dass sie letztendlich kapitulierten.

Die wirtschaftlichen Auswirkungen der Grenze am Brenner auf die dort lebende Bevölkerung wird noch einmal deutlicher beim Betrachten eines Schreibens, das drei Interessenten aus der Fraktion Kerschbaum am Brenner der österreichischen Delegation des Grenzregelungsausschusses zusendeten:

Alois Strickner, Ludwig Gras und Ludwig Kasenburger teilten in genanntem Schreiben vom 12. Juni 1921 mit, wie sehr sie durch die Grenzziehung ihre Existenz bedroht sahen. Durch den Beschluss der Grenzkommission über den Grenzverlauf am Brenner wurde der Gemeindewald so geteilt, dass Österreich und Italien zwar annähernd gleiche Hälften erhalten sollten. Das Problem war aber, dass im Wald nicht überall die gleichen Voraussetzungen für die Holznutzung vorhanden waren. Der Teil, der bei Österreich verbleiben sollte, verfügte über schlechtere Terrain-Verhältnisse – in einem Bereich war der Boden sogar so felsig, dass der Baum- und infolgedessen auch der Holzbestand um ein Vielfaches geringer war als in den italienischen Waldflächen.[211]

„Die Waldteilung ist daher ebenso ungerecht wie auf falschen Voraussetzungen und unrichtigen Urteilen beruhend.“[212]

Durch diesen Umstand sahen sich die Bewohner der Fraktion Kerschbaum ihrer wirtschaftlichen Existenz beraubt, da der Holzbezug – sowohl als Brenn- als auch als Bauholz – nicht über mehrere Jahre garantiert werden konnte. Als Lösung schlugen sie vor, Holzbezugs- und Weiderechte auf der italienischen Waldseite zu gewährleisten bzw. die Waldflächen anders zu teilen.[213]

„Wir wurden für die Interessen des Staates geopfert; wir können deshalb mit vollstem Rechte verlangen und bitten darum, dass unsere Existenz auf der ererbten, harten Scholle durch den vaterländischen Staat voll gewährleistet wird.“[214]

210 *„Der Tiroler“ vom 31.03.1922, S. 4, abrufbar unter: digital.tessmann.it*

211 *Vgl. Tiroler Landesarchiv: Karton 166 „Neuere Grenzakten“, 14.4.*

212 *Tiroler Landesarchiv: Karton 166 „Neuere Grenzakten“, 14.4.*

213 *Vgl. Ebd.*

214 *Ebd.*

„Die neue Grenze hat wieder ein junges Menschenleben gefordert“[215]

Der Grenzübertritt nach Italien war mit vielen Kosten und einem hohen bürokratischen Aufwand verbunden. Viele Menschen konnten sich das nicht leisten, denn die österreichische Bevölkerung befand sich seit Kriegsende in einer Notlage. So kam es nicht selten vor, dass Personen die Grenze nach Italien nicht an den dafür vorgesehenen Pässen, sondern im Hochgebirge überquerten, um die Kontrollen zu umgehen. Immer wieder wurde in den Zeitungen von Männern und Frauen berichtet, die im Gebirge in den Tod gerissen wurden, da sie sich kein Visum bzw. keinen Reisepass leisten konnten. Dazu zwei Beispiele:

Unter der Überschrift „Leichenfund am Brenner“ berichtete die „Volkszeitung“ vom 1. Juni 1922 über folgendes tragische Ereignis: Jakob Larcher, Sohn des Michelerbauern in Obernberg in Gries am Brenner, hatte eine neue Dienststelle in Sterzing angenommen und wollte von seiner Heimatgemeinde nach Sterzing übersiedeln. Doch er besaß keinen Reisepass, weshalb er die Grenze zwischen Österreich und Italien beim Sandjoch am Giggelberg überquerte. Er kam zur vereinbarten Zeit wohlbehalten in Sterzing an und meldete sich bei seinem neuen Arbeitgeber. Kurze Zeit später wollte er wieder nach Hause zurückkehren, um vergessene Kleider abzuholen. Doch das sollte ihm zum Verhängnis werden – er nahm denselben Weg, auf dem er gekommen war, doch kurz vor dem Grenzübergang wurde er von einer Lawine erfasst und in den Tod gerissen. Sein Dienstgeber in Sterzing war der Meinung gewesen, der Junge wäre aus irgendeinem Grund wieder in die Heimat zurückgekehrt, weshalb er sein Wegbleiben nicht weiter untersuchte – erst einige Zeit später wurde die Leiche von einem Hirten gefunden.[216]

Der „Tiroler Grenzbote“ berichtete am 4. August 1923 von einem weiteren Leichenfund an der Grenze. Diesmal wurde die Leiche der 22-jährigen Anna Chraust in den Brennerbergen nahe der Landshuter Hütte gefunden. Wieder wurde vermutet, dass sie ohne Kontrolle die Brennergrenze überschreiten wollte und bei diesem Unterfangen erfroren war.[217]

Die neue Grenze forderte jedoch nicht nur im Hochgebirge Opfer, sondern auch im Tale – dort aber nicht durch unberechenbare Umwelteinflüsse, sondern durch Menschenhand. In Anbetracht der vielseitigen Probleme, die mit der Grenzziehung einhergingen, und des dadurch entstandenen Frustes der Bevölkerung verwundert es eigentlich nicht, im „Alpenländer-Bote“ vom 17. Juni 1922 unter der Überschrift „Von einem italienischen Finanzer meuchlings angeschossen“[218] über folgendes erschütternde Ereignis zu lesen:

Der 30-jährige Josef Weitlaner, Pfeiferbauer in der Gemeinde Arnbach, ging am 7. Juni 1923 über die Grenze, um seinem Firmkind, wohnhaft nahe der Grenze in Winnebach, ein Firmgeschenk zu überreichen. Gegen halb 6 Uhr morgens trat er den Rück-

215 *„Volkszeitung“ vom 01.06.1922, S. 6, abrufbar unter: digital.tessmann.it*

216 *Vgl. „Volkszeitung“ vom 01.06.1922, S. 6, abrufbar unter: digital.tessmann.it*

217 *Vgl. „Tiroler Grenzbote“ vom 04.08.1923, S. 5, abrufbar unter: digital.tessmann.it*

218 *Vgl. „Alpenländer-Bote“ vom 17.06.1923, S. 9, abrufbar unter: digital.tessmann.it*

weg an und nahm ein paar Liter Schnaps für den Hausgebrauch mit. Einige Meter hinter der Grenze, bereits wieder auf österreichischem Boden, wurde Weitlaner von einem italienischen Finanzpolizisten zurückgerufen, der verlangte, dass er den Schnaps – der in Italien eigentlich zollfrei war – zurückbringen sollte. Weitlaner ging zurück und stellte die Flasche vor der Grenze auf österreichischem Boden ab, ließ sich das Verhalten des Italieners aber nicht gefallen, und so kam es zu einer kleinen Rauferei. Als dem Finanzer bewusst wurde, dass er den Kürzeren ziehen würde, brach er die Auseinandersetzung ab und reichte Weitlaner die Hand zur Versöhnung. Letzterer nahm anschließend die Flasche und machte sich auf den Weg nach Hause. Doch nachdem er einige Schritte gegangen war, gab der Finanzer mehrere Schüsse ab. Der Pfeifenbauer wurde getroffen, versteckte sich hinter einem Felsen und schleppte sich anschließend nur mit Mühe nach Hause. Fünf Tage später starb er an seinen schweren Verletzungen, da sowohl Leber und Niere als auch die Lunge großen Schaden genommen hatten.[219] Laut „Lienzer Nachrichten“ vom 16. Juni 1923 hatte der Finanzpolizist – den Geschosseinschlägen zufolge – die Absicht, Weitlaner, der ihm wohl schon seit längerem verhasst war, zu töten.[220]

> *„Ein Opfer welscher Hinterlist und Meuchelei. So was ist eben echt welsch und bringt nur ein Welscher zustande: wie es Italien im großen gemacht gegen Österreich, so macht es dieser Schurke und gelehrige Schüler Italiens im kleinen. Die Erbitterung des Volkes ist selbstverständlich eine große. […] Das Volk verlangt, daß Österreich ernst redet und volle Genugtuung fordert.“*[221]

Solch tragische Vorfälle verstärkten die bereits vorhandene Missstimmung in der österreichischen Bevölkerung und warfen ein immer schlechteres Licht auf Italien. Das aggressive Verhalten der italienischen Amtsträger, sowohl in diesem als auch in anderen Fällen und Kontexten, schürte das Unverständnis und die Frustration der Menschen nur noch weiter.

Der letzte Teil dieses Kapitels gibt Einblick in eine andere Perspektive der Geschichte, um ein umfassendes Bild der damaligen Situation zu zeichnen. Es gab unter den Südtirolern auch Menschen, die dem italienischen Staat wohlgesonnen oder gar „Mithelfer an der Verwelschung“[222] waren. Gründe dafür waren wohl unter anderem Achtlosigkeit, Geschäftsübereifer, Gier oder Existenzängste. Ein interessantes Beispiel hierfür liefert die Zeitung „Alpenland“ in einem Bericht vom 14. September 1920:

> *„So wollen wir heute von einem größeren Bozner Geschäfte [berichten], dessen reichsdeutscher Inhaber, der […] stets stammdeutsch auftrat, die Adresse auf seinen Firma-Versandzetteln mit ‚Bolzano, Alto Adige‘ [angab]. Ein Glück, daß er nicht auch die Meinhardstraße seiner italieni-*

219 Vgl. „Alpenländer-Bote“ vom 17.06.1923, S. 9, und „Lienzer Nachrichten“ vom 16.06.1923, S. 2, abrufbar unter: digital.tessmann.it

220 Vgl. „Lienzer Nachrichten“ vom 16.06.1923, S. 2, abrufbar unter: digital.tessmann.it

221 „Lienzer Nachrichten“ vom 16.06.1923, S. 2, abrufbar unter: digital.tessmann.it

222 „Alpenland“ vom 14.09.1920, S. 4, abrufbar unter: digital.tessmann.it

schen Kundschaft mundgerechter gemacht hatte! Wie anders stünden die Deutschen heute da, wenn andere Nationen ähnlich gehandelt hätten oder handeln würden. Jeder Italiener würde im umgekehrten Falle mit beharrlicher Zähigkeit an ‚Bozen, Südtirol' festhalten, dem wir zur näheren Bezeichnung derzeit das Wort Italien anfügen. Wer in Italien Bozen und Südtirol kennt, für den ist diese Bezeichnung keine Neuigkeit. [...] Gerade so wird dessen Geschäftsinteresse dann in Frage kommen, bei Bedienung und Lieferung nach ausgedehntem Kundenkreise, wie der Südtiroler deutsche Geschäftsmann dieses irrtümlich allein wahren zu können vermeint indem er die Anschrift seiner Firma unnötigerweise verwelscht."[223]

Die Zeitung kritisierte den Schritt des Geschäftsinhabers als eine Art „Vorschubleistung für die Verwelschung Südtirols"[224].

Die Anpassung der Adresse wurde als opportunistischer Schachzug betrachtet, der auf kurzfristige Geschäftsinteressen abzielt, um italienische Kundschaft anzulocken. Solche Handlungen würden die Identität der Region beeinflussen, und die Bevölkerung müsse zusammenarbeiten, um ihre Kultur, Traditionen, Sprache und Werte zu schützen und zu erhalten.

---

223 „Alpenland" vom 14.09.1920, S. 4, abrufbar unter: digital.tessmann.it

224 Ebd.

Pfitscherjoch

Drautal

Rosskofel

Großvenediger-Gruppe

Die neue Grenze als Symbol und Brennpunkt für Auseinander-setzungen

Die neue Grenze als Symbol und Brennpunkt für Auseinandersetzungen

Dieses Kapitel wirft einen tieferen Blick auf die metaphorische Bedeutung und symbolische Konnotationen der neu gezogenen Grenze zwischen Österreich und Italien. Es untersucht, wie sie jenseits der rein geografischen Bedeutung zu einem Symbol für politische, soziale und kulturelle Entwicklungen in der Region wurde – von den Auswirkungen auf das Gemeinschaftsgefühl bis hin zum Missbrauch für politische und faschistische Zwecke.

Es folgen Zeitungspassagen, in denen die neue Grenze für symbolische Zwecke missbraucht wurde oder in denen allgemeine kritische Aussagen zur willkürlichen Grenzziehung gemacht wurden. Dadurch wird der Umgang der beiden Bevölkerungsgruppen untereinander greifbarer.

Die „Neueste Zeitung“ berichtete am 6. Oktober 1922 von einer „Kriegserklärung“ der faschistischen Zeitung „Il Piccolo Posto“ an Nordtirol. Darin wurde unter anderem die Drohung laut, dass Italiener in Südtirol bereitstünden, die nur darauf warteten, ohne Reisepässe über die Grenze zu gehen, um einzuschreiten, falls „Zwischenfälle“ in Innsbruck zu vernehmen wären. (Mit dieser Aussage bezogen sie sich auf ein Ereignis, das weiter unten noch beschrieben wird.)

Deshalb wurden die Österreicher auch auf eine verstärkte Präsenz von Faschistentrupps am Brenner aufmerksam. Diese hätten gegenüber einigen Eisenbahnbeamten erklärt, dass sie zunächst mit Luigi Credaro – der als italienischer Genaralkommissär für Südtirol zuständig war und die Stelle eines königlich italienischen Beamten einnahm[225] – abrechnen wollten, da er zu „mild“ mit den Deutschsüdtirolern umging, und anschließend hätte Innsbruck an die Reihe kommen sollen. Daran anlehnend berichtete die Zeitung von einer verstärkten Grenzüberwachung inklusive Waffenkontrollen vonseiten Österreichs. Innsbrucker würden sich nicht von der Drohung verängstigen lassen und solchen Einschüchterungsversuchen der Faschisten auf diplomatischem Wege entgegentreten.[226]

Der Artikel berichtete weiter über einen Drohbrief des „Partito Nazionale Fascista“ an die Nordtiroler Arbeiterschaft, in dem Folgendes geschrieben stand:

225 *Vgl. „Alpenland“ vom 19.06.1920, S. 1, abrufbar unter: digital.tessmann.it*

226 *Vgl. „Neueste Zeitung“ vom 06.10.1922, S. 1, abrufbar unter: digital.tessmann.it*

„[...] Euer schmutziger Aufruf ist uns zugekommen. Wir lachen darüber. Vor allem müssen wir Euch daran erinnern, daß Ihr das dümmste Volk auf Erden seid. [...] Was stellt Ihr Euch eigentlich vor? Glaubt Ihr, uns erschrecken zu können? Wohlan, wisset, daß Italien – Italien infolge des göttlichen Rechtes [–] bis zum Brenner reicht, daß die vollendete Infamie von Euren Invasionen, denen wir ausgesetzt gewesen sind, als wir noch geteilt waren, ausgelöscht ist auf Erden und daß wir die Deutschen, die noch diesseits der Grenzen leben, hinauswerfen werden, damit sie nicht mehr die italienische Erde beschmutzen.

Aber wisset auch, wir sind entschlossen: Wenn sich barbarische Episoden [...] wiederholen, so werden wir Rache nehmen an den Häuptern der Deutschen diesseits der Grenze. Wir werden das Herz zerreißen einem nach dem anderen Eurer Ideale und wenn das nicht genügen wird, werden wir wissen, jenseits der Grenze zu kommen, um Gerechtigkeit zu üben. Erinnert Euch daran! [...]"[227]

Die „Neueste Zeitung" vermutete, dass dieser Brief die Antwort auf einen Zwischenfall im Café „Maria Theresia" gewesen sei, den sie gleichzeitig verurteilte.[228] Dort kam es wohl zu einer Auseinandersetzung zwischen österreichischen Gymnasialschülern und einer friedlichen italienischen Reisegesellschaft.[229]

Die aufgeheizte Stimmung zwischen Nordtirol und Italien erreichte im Jahr 1922 einen gefährlichen Höhepunkt. Die Zeitungen berichteten von erschreckenden Entwicklungen, politischen Unruhen und einer bedrohlichen Atmosphäre, die das tägliche Leben der Menschen an der Grenze, aber auch in ganz Tirol prägten.

Bereits zwei Jahre vorher erkannte die „Südtiroler Landeszeitung" den einzigen Weg, wie ein friedliches Zusammenleben stattfinden kann:

„Nur die Gewährung einer vollen Autonomie kann uns Garantien für die Erhaltung unserer nationalen und kulturellen Eigenart, unseres wirtschaftlich hochstehenden Lebens bieten. Wir wollen, abgesehen von der Wahrung aller unserer völkischen Rechte und Gewohnheiten, vorwärts schreiten, nicht um Jahrzehnte zurückgeworfen werden, wie es die jetzt betriebene Verwelschung und die autonomielose Unterordnung in italienische Rechts- und Wirtschaftsverhältnisse mit sich brächte."[230]

227 *„Neueste Zeitung" vom 06.10.1922, S. 1, abrufbar unter: digital.tessmann.it*

228 *Vgl. Ebd.*

229 *Vgl. „Volkszeitung" vom 05.10.1922, S. 1, abrufbar unter: digital.tessmann.it*

230 *„Südtiroler Landeszeitung" vom 18.08.1920, S. 3, abrufbar unter: digital.tessmann.it*

Auch die Grenze an und für sich war häufig ein beliebter Ort für symbolische – und weniger symbolische – Aktivitäten. Insbesondere die Grenzsteine, die die konkrete Markierung der neuen Staatsgrenze darstellten, wurden wiederholt beschädigt oder zerstört. Beispielsweise wurde Herrn Lambichler, Unterkommissär des Abschnitts B, am 11. Jänner 1922 mitgeteilt, dass zwei Grenzsteine am Brenner zertrümmert worden waren.[231]

Insbesondere die Grenzsteine, die die konkrete Markierung der neuen Staatsgrenze darstellten, wurden wiederholt beschädigt oder zerstört.

Die Zeitungen berichteten auch in anderen Kontexten über die neuen Grenzsteine. Ein Artikel, der es trotz der unbarmherzigen Realität schaffte, den Lesern ein Schmunzeln zu entlocken, war folgender: Im Sommer 1922 war eine Abteilung von rund 60 Alpini am Pfitscherjoch damit beschäftigt, die neuen Grenzsteine ins Gebirge zu schaffen und zu setzen. Zu diesem Zweck wurden die Steine mit Saumtieren von Sterzing auf das Joch gebracht, obwohl es dort eigentlich genug Steine gegeben hätte. Eigens dafür war ein neuer Weg angelegt worden.[232]

„Die italienischen Soldaten leisten gründliche Arbeit, als ob hierfür die Ewigkeit bestimmt wäre. Jeder Grenzstein wurde einzementiert."[233]

Der Hüttenwirt des Pfitscherjochs war von dieser Aktion gar nicht begeistert und sagte zum Obersten der italienischen Militärabteilung,

„man möge die Grenzsteine nicht gar zu fest einsetzen, damit es später nicht allzuschwer falle, sie wieder zu entfernen"[234].

Trotz allem war dem Tiroler Volk die Schlagfertigkeit nicht abhanden gekommen!

In Hinblick auf die symbolische Bedeutung der Grenze folgen hier noch einige Ausschnitte der leidenschaftlichen Reden anlässlich der Volksversammlung in Innsbruck, die am 10. Oktober 1920 aufgrund der offiziellen Annexion Südtirols stattfand.

Verschiedene Persönlichkeiten ergriffen das Wort und verliehen ihrer Trauer über den Verlust der Südtiroler Brüder mit emotionalen Worten Ausdruck. Sie riefen das Volk jenseits der Brennergrenze zu Durchhaltevermögen auf, denn – so ließen sie verlauten – der Tag der Wiedervereinigung würde kommen:

231 Vgl. Tiroler Landesarchiv: Karton 166 „Neuere Grenzakten", 14.4.

232 Vgl. „Alpenland" vom 12.07.1922, S. 4, abrufbar unter: digital.tessmann.it

233 „Alpenland" vom 12.07.1922, S. 4, abrufbar unter: digital.tessmann.it

234 Ebd.

„Die Grenzpfähle am Brenner werden nicht auf lange Dauer bestehen, denn niemals können wir Deutsche auf unser Selbstbestimmungsrecht verzichten. Über den Brenner hinweg reichen wir unseren Brüdern die Hand, auf dass sie ausharren mögen, bis die Stunde der Befreiung naht. […] Tirol [bleibt] trotz der Gewaltgrenzen eins und ungeteilt.“[235]

(Ferdinand Kogler, Obmann-Stellvertreter des Andreas-Hofer-Bundes)

Eine sehr emotionale Ansprache hielt auch Hauptschriftleiter Von Tschurtschenthaler, Obmann-Stellvertreter der Großdeutschen Volkspartei, der sich auf sehr eindringliche Art und Weise über den Brenner als Symbol für die Teilung Tirols und die neue deutsche Sprachgrenze äußerte. Ein Teil seiner leidenschaftlichen Rede und äußerst spannenden Ausführungen soll hier wiedergegeben werden:

„Folgen Sie meinem Blicke zum Brenner, der von heut ab unser Volk in zwei Teile schneidet und schauen Sie die Höhen von heute ab von drei Gesichtspunkten an: Von dem des Südtirolers, des Tirolers und des Deutschen.

Der Südtiroler sieht in ihnen die Mauern seines Kerkers, in den ihn fremde Willkür warf, nicht eigene Schuld. […] In diesem Kerker liegt Deutschsüdtirol. Der Brenner ist die Nordwand, die ihn von uns scheiden soll. – Im Westen, Osten und Süden herrscht der Feind!

Als Tiroler schau ich den Brenner von heute ab mit feindseligen Blicken an. Er scheidet Blut vom Blute, Herz vom Herzen, er scheidet Andrä Hofers Grab […] – er scheidet, was Jahrhunderte zusammengefügt und mehr als ein Jahrtausend zusammengefühlt – er ist ein Unding, dieser Brenner, und unser ganzes Streben kann nur darauf gerichtet sein, ihn zu Fall zu bringen. Wie, bleibt sich gleich, nur fallen muß er, weil wir ohne Süden und der Süden ohne uns nicht sein können, weil uns der Brenner das Recht auf unseren Tiroler Namen raubt.

Ich schaue zum Dritten den Brenner an als Deutscher. Dieser Berg ist heute Deutschlands Grenze und damit Deutschlands Feind geworden. Diese Grenze ist unmöglich, weil sie mehr als 200 000 Volksgenossen an den Toren der Gemeinschaft liegen läßt und sie einem ungewissen Schicksal überantwortet. Dieser Berg ist Deutschlands Feind, weil er […] jede Freundschaft mit dem italienischen Süden unmöglich macht, denn eine deutsch-italienische Freundschaft, wie sie früher war, ist ohne Deutschsüdtirol undenkbar.

Weil wir dies aber wissen und weil wir andererseits wissen, daß die beiden Völker einen Weg der Verständigung suchen müssen und suchen werden, deshalb gibt uns das Bewußtsein, daß der Brenner für Deutschlands Grenze unmöglich ist, die frohe Zuversicht, daß er nicht Grenze bleibt. […]“[236]

235 *Vgl. „Alpenland“ vom 10.10.1920, S. 2, abrufbar unter: digital.tessmann.it*

236 *„Alpenland“ vom 10.10.1920, S. 2, abrufbar unter: digital.tessmann.it*

Auch in einem Bericht der „Innsbrucker Nachrichten“, der vom 7. September 1920 bis zum 11. September 1920 über mehrere Ausgaben fortgeführt wurde, wurden mehrere Überlegungen über die Brennergrenze angestellt und Beweise angeführt, dass das Gebiet auf der Brennerhöhe seit jeher eins war. Dies war wohl eine Reaktion auf die von Italien verbreiteten Aussagen, dass der Brenner seit jeher italienisch gewesen sei.

Im Verlauf des Artikels wurden der Ursprung und die Namensgebung verschiedener Höfe auf beiden Seiten der Passhöhe erläutert.[237]

> *„Die Stimme der Blutsverwandtschaft wird nicht verstummen trotz der Gebote dieser Staatsmänner; sie ist mächtiger und dauerhafter, größer, weiser und gerechter als diese Erscheinungen des Augenblickes, sie wird im nächsten und im dritten Geschlechte weiterleben und triumphierend mit Verachtung auf die Größen und Grenzen von heute herunterjodeln! Dann wird keine Brennergrenze mehr sein! [...] Die Berge [...] schweigen [...] und lächeln [...] über das Zirkeln der kleinen Menschlein da drunten, die schon zum so und so vielten Male hier eine ewige Marke setzen wollen und diesmal ausgerechnet in mitten eines Gebietes, das durch gleiche Mundart und gleiche Sitte, ja trotz der Wasserscheide sogar durch den gleichen Talnamen Wipptal verbunden ist, einen schwarzen Strich ziehen wollen!“*[238]

„Die Berge [...] schweigen [...] und lächeln [...] über das Zirkeln der kleinen Menschlein da drunten [...]“

Zum Schluss dieses Kapitels folgt noch eine weitere Episode aus dem Reisebericht „Zu zweit durch die Alpen“ des amerikanischen Ehepaares Edwin und Sascha Emerson. Sie wirft einen etwas unkonventionelleren Blick auf die Grenzproblematik und lässt vielleicht auch besser verstehen, wie Außenstehende die neue Grenzziehung beurteilten.

In Kapitel 3 erzählten die beiden bereits von den Schwierigkeiten des Grenzübertritts nach Italien und den Schikanen durch die italienischen Zollbeamten. Ihre Reise ging nach den Strapazen an der Grenze weiter, und sie besichtigten verschiedene Orte und Sehenswürdigkeiten in Südtirol und dem Trentino bis zum Gardasee.[239]

In Nago fand ein spannendes Gespräch zwischen Sascha Emerson und einer italienischen Schildwache statt:

---

237 *Vgl. „Innsbrucker Nachrichten“ vom 07.09.1920, vom 10.09.1920 und 11.09.1920, abrufbar unter: digital.tessmann.it*

238 *Vgl. „Innsbrucker Nachrichten“ vom 07.09.1920, S. 3, abrufbar unter: digital.tessmann.it*

239 *Vgl. „Alpenland“ vom 29.05.1921, S. 6 und „Alpenland“ vom 04.09.1921, S. 4, abrufbar unter: digital.tessmann.it*

„Als er mich mit: ‚buon giorno' begrüßte, sagte ich: ‚bella vista', indem ich auf den See und das wundervolle Tal da drunten zeigte. Er dachte, ich zeige auf die Befestigung auf der Höhe gegenüber und grinste triumphierend. ‚Si, si', sagte er, ‚bellissima vista. Fortezze Austriache, adesso Italiane.' Mit einer allumfassenden Bewegung zeigte er mit seiner Hand über den ganzen See bis zu den Befestigungen, bis nach Arco unten und dann über alle Hügel und Berge hinter uns und rief mit selbstzufriedenem Frohlocken aus: ‚Adesso tutto nostra Italia! Viva Italia!' – Es war dies alles so kindisch, aber nach allem zu urteilen, war er nur ein großes Kind und so lächelte ich zurück und sagte: ‚Si, bellissima vista.'"[240]

Fern der politischen Wirren an der Grenze gewährte das amerikanische Ehepaar Emerson durch diese Unterhaltung in Nago einen kleinen Einblick in die grotesken Facetten der neuen Situation. Der Dialog spiegelt nicht nur ein komisches – eventuell durch eine kognitive Verzerrung[241] zustande gekommenes, vielleicht aber auch nur ein sprachliches oder interpretatorisches – Missverständnis wider, sondern wirft auch einen kritischen Blick auf das italienische „Selbstlob" und die Freude der Italiener über ihr neu gewonnenes Gebiet.

Das amerikanische Ehepaar, lediglich auf die Schönheit der Landschaft fokussiert und der neuen Grenze eh schon etwas kritisch gegenüberstehend, konnte über diese zuweilen etwas kindische Euphorie nur schmunzeln.

240 *„Alpenland" vom 04.09.1921, S. 4, abrufbar unter: digital.tessmann.it*

241 *Ein Phänomen, bei dem jemand absichtlich oder unabsichtlich Informationen falsch interpretiert oder missversteht. Es handelt sich um eine Art von Denkfehler, bei dem die Wahrnehmung oder Interpretation von Informationen durch bestimmte mentale Filter verzerrt wird. Vgl. https://dorsch.hogrefe.com/stichwort/kognitive-fehler, abgerufen am 13.12.2023.*

CAPANNA
D'ANNUNZIO

Der Klockerkarkopf

Der Klockerkarkopf war und ist auch heute noch ein sehr symbolträchtiger Berg für die Italiener.

Als Ettore Tolomei den Berg 1905 bestieg, taufte er ihn eigenmächtig auf den Namen „Vetta d'Italia" – der nördlichste Punkt Italiens – und wollte damit den Anspruch Italiens auf Südtirol unterstreichen. Der tatsächliche Erstbesteiger, Dr. Franz Kögel, hatte den Berg jedoch bereits einige Jahre zuvor als „Klockerkarkopf" bezeichnet.[242]

Im August 1921 errichteten die Alpini einen Touristenweg auf den Klockerkarkopf, der jedoch von minderer Qualität war und besondere Vorsicht erforderte. Auf dem Gipfel wurde ein pyramidenförmiges trigonometrisches Signal platziert und die italienische Flagge gehisst. Unterhalb wurde eine kleine Unterstandshütte errichtet, die zu Ehren von Gabriele D'Annunzio, der die erste italienische Flagge für diesen Ort spendete, den Namen „Capanna D'Annunzio" erhielt.[243] Heute zeugen nur noch wenige Mauerreste davon.

242 *Vgl. „Der Südtiroler" vom 15.10.1924, S. 3, abrufbar unter: digital.tessmann.it*

243 *Vgl. „Südtiroler Landeszeitung" vom 27./28.08.1921, S. 4, abrufbar unter: digital.tessmann.it*

Glurns

Die Wappen und der Doppeladler am Osttor wurden übermalt ...

… ebenso am Nordtor.

Die vorliegende Buch nahm die Schicksalsjahre Südtirols – die Jahre der neuen Grenzziehung zwischen Österreich und Italien – unter die Lupe, offenbarte neue Erkenntnisse und verdeutlichte die weitreichenden Auswirkungen auf die lokale Bevölkerung. Reale Berichte, Protokolle und Dokumente beschrieben authentisch die Phase der Grenzziehung und zeigten auf, welche Folgen für die Menschen vor Ort damit einhergingen.

Nach einer zeitlichen Einordnung der Geschehnisse in den historischen Kontext und einer kurzen Analyse der Bedeutung von Grenzen beschäftigte sich der erste Teil mit der konkreten Umsetzung der Grenzziehung. Auf Grundlage vielfach noch unveröffentlichter Dokumente und Protokolle aus dem Tiroler Landesarchiv konnten die wichtigsten Wendepunkte der Grenzziehungsjahre sowie Herausforderungen und Probleme anschaulich nachgezeichnet werden. Im Fokus standen dabei die Arbeit und der Aufbau des Grenzregelungsausschusses, seine Vorgehensweise und die verschiedenen Arbeitsschritte von der Festlegung der neuen Grenze auf der Karte über ihre Vermarkung bis zur Setzung der Grenzsteine. Die Einbeziehung zahlreicher Zeitungsartikel zu unterschiedlichen Problematiken veranschaulichte die öffentliche Sichtweise und gewährte immer wieder einen authentischen Blick auf die Auswirkungen der Grenzziehungsarbeiten auf den Alltag der Grenzbevölkerung.

Die Arbeiten waren teilweise mühselig und anstrengend und verliefen nicht immer mit dem nötigen Respekt im Einvernehmen beider interessierter Staaten. Die Italiener haben sich, entgegen der Bestimmungen im Vertrag von Saint-Germain, bis zum Schluss mehr Gebiete einverleibt als ursprünglich vorgesehen. Nach rund vier Jahren Grenzarbeiten und vielen Problemen sowie Unvorhersehbarkeiten wurde die neue Grenze zwischen Österreich und Italien festgelegt. Und sie ist auch heute – rund hundert Jahre nach Beendigung – im Wesentlichen immer noch dieselbe.

Der zweite Teil der Publikation beleuchtete die Auswirkungen der Grenzziehung auf das alltägliche Leben anhand vielfältiger Zeitungsartikel, die die Realität der damaligen Zeit am besten widerspiegeln. Zunächst standen die erschwerten Bedingungen für den Grenzverkehr, den Zoll, die Grenzübertritte und die Post im Mittelpunkt. Der Grenzverkehr sowie die Grenzübertritte der Anwohner wurden maßgeblich erschwert, wodurch vor allem auf dem Brenner gravierende Probleme entstanden, da das Dorf zweigeteilt wurde. Trotz versprochener Erleichterungen für die ansässige Bevölkerung war der Alltag mit vielen Belastungen und hohen Kosten verbunden. Auch in Osttirol wurde der Personenverkehr erschwert, da er nicht mehr so einfach durch Südtirol erfolgen konnte, sondern Umwege notwendig wurden. Dadurch wurden Fahrten nach Innsbruck oder in andere Landesteile zu einer kostspieligen und zeitraubenden Odyssee. Daneben konnte vor allem das Übertreten der unsichtbaren Linie im Hochgebirge mit einer Festnahme oder – bedingt durch Umwelteinflüsse – mit dem Tod enden. Die Zeitungsartikel, Reiseberichte und Beschlüsse konnten die Umstände des Grenzverkehrs strukturiert, sachlich und teilweise auch etwas kritisch mit Leben erfüllen.

Eine der größten Auswirkungen der Grenzziehung war der florierende Schmuggel. Hier wurden die Vorbedingungen, die Ausübung des Schmuggels, die Maßnahmen der Regierung zur Eindämmung sowie Strafen, Festnahmen und einige konkrete Beispiele besprochen. Schmuggel war ein sehr profitables Geschäft und dadurch äußerst beliebt. Den meisten Nutzen davon hatten die italienischen Händler, während die österreichischen und Südtiroler Bauern häufig Mittel zum Zweck waren. Anhand vieler Beispiele und Erzählungen konnte ein guter Einblick in dieses unlautere Geschäft gegeben werden.

Der Alltag der Grenzbevölkerung war Hauptbestandteil des nächsten Abschnittes. In zahlreichen aktuellen Beiträgen der damaligen Tagespresse war die neue Realität der Menschen an der Grenze Thema. Hatten sie zuvor fernab einer Staatgrenze gelebt und keine Vorstellung davon, was dies bedeutete, wurden sie nun mit einer wahren Flut von unbekannten Schwierigkeiten konfrontiert.

Das letzte Kapitel zur Symbolik der neuen Grenze beschäftigt sich nicht nur mit der neuen Linie auf der Karte, sondern vor allem mit deren tieferen symbolischen Bedeutung. Dieser Aspekt ist notwendig, um das ganze Ausmaß der Grenzziehung besser fassen und die weitreichenden Folgen für die damalige Zeit und für heute besser einordnen zu können.

So gelangt der Leser schließlich zu einem besseren Verständnis der Vergangenheit, die den Grundstein für die Gegenwart und Zukunft legte. Denn die historischen Wurzeln der neuen Grenze haben die Entwicklung der Region maßgeblich beeinflusst. Auch heute noch manifestieren sich die Spuren dieser Geschichte in vielfältiger Weise.

Trotz der Fortschritte in der Zusammenarbeit zwischen den beiden Staaten und der Vorteile der Europäischen Union – insbesondere durch das Schengener Abkommen[244] – bleiben gewisse Spannungen und Identitätskonflikte bestehen. Die Frage der Autonomie und der Schutz kultureller Identitäten bewegt die Menschen in Südtirol nach wie vor. Die Hürden, die durch die historische Grenzziehung entstanden sind, sind noch nicht vollständig überwunden, und die Geschichte wirft weiterhin Schatten auf die Gegenwart.

244 *Vgl. https://eur-lex.europa.eu/DE/legal-content/glossary/schengen-agreement-and-convention.html, abgerufen am 18.12.2023.*

Vergangenheit reflektieren, Zukunft gestalten

Mit dem Ende des Ersten Weltkriegs brach das alte Europa zusammen.

In den letzten Oktobertagen des Jahres 1918 überschlugen sich die Ereignisse im Kaiserreich Österreich: Nach 640 Jahren endete die Habsburger Herrschaft, und die Donaumonarchie zerfiel. Das offizielle Kriegsende wurde am 3. November 1918 verkündet, die Demobilisierung der k. u. k. Armee leitete den Untergang Österreich-Ungarns ein.

Am 11. November 1918 unterzeichnete Kaiser Karl seine Verzichtserklärung.

Die neue Regierung und die Menschen im neu gegründeten Staat Österreich hofften bis zum Schluss, dass die Einheit Tirols bestehen und Südtirol bei Österreich verbleiben könnte. Die Friedenskonferenzen in Saint-Germain-en-Laye sollten darüber entscheiden – man vertraute vor allem auf das vom amerikanischen Präsidenten Woodrow Wilson proklamierte Selbstbestimmungsrecht der Völker. Doch dieser sprach sich 1919 für den Verbleib Südtirols bei Italien aus.

Am 10. Oktober 1920 wurde der südliche Teil Tirols ohne Volksabstimmung an Italien abgetreten.

Soweit zum historischen Kontext, der nicht nur den Grundstein für die österreichisch-italienische Grenzziehung legte, sondern auch für die daraus resultierenden Konflikte, die bis in die heutige Zeit nachwirken.

Dieses Buch nimmt die Leserschaft mit auf eine spannende Reise in die Vergangenheit und präsentiert einzigartige bisher unveröffentlichte Bilder. Sie visualisieren und dokumentieren entscheidende Schlüsselmomente, die schließlich zur Festlegung der neuen Grenze führten.

Die österreichisch-italienische Grenzziehung ist ein Kapitel, das nicht in Vergessenheit geraten darf. Die historische Entscheidung, Tirol zu teilen, prägte die Grundlage des heutigen Europa und bildete die Basis für die komplexe Beziehung zwischen den beiden Nationen.

Möge dieses Werk durch seinen facettenreichen Einblick in die Vielschichtigkeit dieser Grenzziehung dazu beitragen, das Verständnis für die Geschichte Europas zu vertiefen. Gleichzeitig soll es daran erinnern, wie unabdingbar es ist, friedliche Lösungen für politische Konflikte zu finden und eine Zukunft zu gestalten, die auf gegenseitigem Respekt basiert.

Stephan Gostner

Müllerhütte

Im Hintergrund das Becherhaus.

Becherhaus

Magdeburger Hütte

Tribulaunhütte

Schwarzensteinhütte

Rieserfernerhütte

Helmhütte

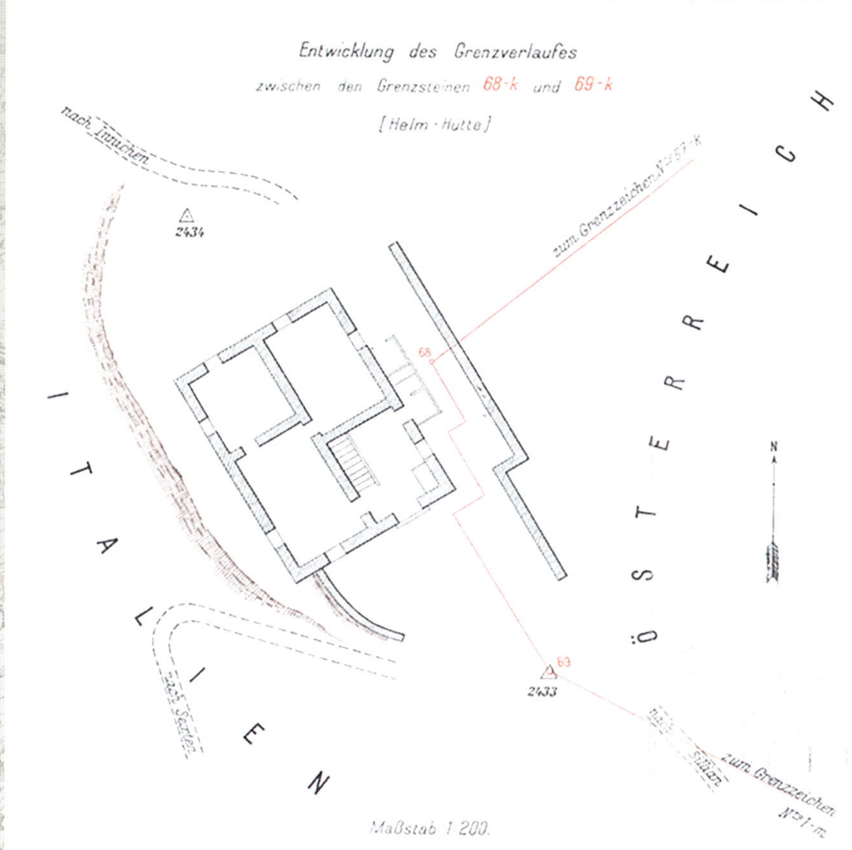

Entwicklung des Grenzverlaufes
zwischen den Grenzsteinen 68-k und 69-k
[Helm-Hütte]
nach Innichen
2434
ITALIEN
ÖSTERREICH
68
63
2433
N
Maßstab 1:200.

RAUTER A.
2158
2202
2039
2245
2140
2369
2226
Helm
Helmhütte
2433
2221
2243
Schützenmahd
2386
OBTROGE
2384
2439
2393
2253
2254
2358
Füllhorn
2297
Mückenknoten
2533
2030
2076
2370
Stumpf
Füllhorn See
2381
Hochgruben
2537
2041
2152
1845
1995
2135
2324
2416
2470
1940
2245
2187
Hornischeck
2351
2483

Wolayersee-Hütte,

ehemals Pichl-Hütte

Casati-Hütte

Der Bau der Hütte in der Ortler-Gruppe begann 1922.

Julius-Payer-Hütte

Düsseldorfer Hütte

Weißkugel-Hütte

Zwickauer Hütte

Essener Hütte

Die Essener Hütte im oberen Seebertal wurde 1947 durch einen Brand zerstört und trotz mehrerer Anläufe nicht mehr aufgebaut. Nur noch wenige Mauerreste erinnern an die einst beliebte, 1902 eröffnete Hütte.[245]

245 *Vgl. https://passeier.org/archiv/essener/Tafel%201.pdf, abgerufen am 25.03.2024.*

Literatur
Egger, Philipp: Die Teilung Tirols nach dem Ersten Weltkrieg im Spiegel der Akten des österreichisch-italienischen Grenzregelungsausschusses im Staatsarchiv Wien – mit fachdidaktischer Ausarbeitung. Diplomarbeit, Innsbruck 2018.
Golowitsch, Helmut et al.: BAS. Opfer für die Freiheit. Ausstellungskatalog. Neumarkt 2018.
Mahlknecht, Otto: Die Staatsbürgerschaften der Südtiroler. Rechtliche und politische Hintergründe. Neumarkt 2021.

Dokumente
Tiroler Landesarchiv: Karton 166 „Neuere Grenzakten", 14.2.1.
Tiroler Landesarchiv: Karton 166 „Neuere Grenzakten", 14.3.
Tiroler Landesarchiv: Karton 166 „Neuere Grenzakten", 14.4.
Tiroler Landesarchiv: Karton 166 „Neuere Grenzakten", 14.5.
Privatarchiv Efrem Oberlechner: Protokoll Untersuchung Wasserscheidelinie.

Zeitungsartikel[246]
„Alpenland" vom 04.09.1921.
„Alpenland" vom 08.08.1922.
„Alpenland" vom 10.10.1920.
„Alpenland" vom 12.07.1922.
„Alpenland" vom 13.04.1920.
„Alpenland" vom 14.01.1921.
„Alpenland" vom 14.09.1920.
„Alpenland" vom 18.03.1920.
„Alpenland" vom 19.06.1920.
„Alpenland" vom 19.08.1922.
„Alpenland" vom 21.09.1920.
„Alpenland" vom 22.05.1921.
„Alpenland" vom 23.03.1921.
„Alpenland" vom 29.05.1921.
„Alpenländer-Bote" vom 13.11.1921.
„Alpenländer-Bote" vom 15.02.1920.
„Alpenländer-Bote" vom 17.06.1923.
„Brixener Chronik" vom 08.05.1920.
„Der Südtiroler" vom 15.10.1924.
„Der Tiroler" vom 14.07.1920.
„Der Tiroler" vom 22.10.1920.

246 Alle verwendeten Zeitungsartikel sind öffentlich unter www.digital.tessmann.it zugänglich.

„Der Tiroler“ vom 31.03.1922.
„Industrie- und Handels-Zeitung“ vom 08.07.1923.
„Industrie- und Handelszeitung“ vom 30.07.1922.
„Innsbrucker Nachrichten“ vom 07.09.1920.
„Innsbrucker Nachrichten“ vom 10.09.1920.
„Innsbrucker Nachrichten“ vom 11.09.1920.
„Lienzer Nachrichten“ vom 02.04.1921.
„Lienzer Nachrichten“ vom 10.01.1920.
„Lienzer Nachrichten“ vom 11.02.1920.
„Lienzer Nachrichten“ vom 16.06.1923.
„Lienzer Nachrichten“ vom 17.01.1920.
„Lienzer Nachrichten“ vom 20.05.1922.
„Lienzer Nachrichten“ vom 31.03.1920.
„Neueste Morgenzeitung“ vom 26.10.1920.
„Neueste Zeitung“ vom 06.10.1922.
„Neueste Zeitung“ vom 14.10.1921.
„Südtiroler Landeszeitung“ vom 18.08.1920.
„Südtiroler Landeszeitung” vom 21.07.1921.
„Südtiroler Landeszeitung“ vom 27./28.08.1921
„Tiroler Grenzbote“ vom 04.08.1923.
„Tiroler Grenzbote“ vom 15.02.1922.
„Tiroler Grenzbote“ vom 22.04.1922.
„Tiroler Grenzbote“ vom 23.02.1918.
„Tiroler Grenzbote“ vom 25.06.1921.
„Volksblatt“ vom 05.05.1923.
„Volkszeitung“ vom 01.02.1920.
„Volkszeitung“ vom 01.04.1922.
„Volkszeitung“ vom 01.06.1922.
„Volkszeitung“ vom 05.10.1922.
„Volkszeitung“ vom 07.06.1920.
„Volkszeitung“ vom 11.07.1920.
„Volkszeitung“ vom 18.04.1920.
„Volkszeitung“ vom 20.09.1921.
„Volkszeitung“ vom 26.03.1921.
„Volkszeitung“ vom 26.05.1920.
„Volkszeitung“ vom 27.01.1920.
„Volkszeitung“ vom 30.07.1921.
„Volkszeitung“ vom 14.01.1922.

Internetquellen

https://dorsch.hogrefe.com/stichwort/kognitive-fehler
https://eur-lex.europa.eu/DE/legal-content/glossary/schengen-agreement-and-convention.html
https://passeier.org/archiv/essener/Tafel%201.pdf
https://www.duden.de/
https://www.eurologisch.at/docroot/waehrungsrechner/#/
https://www.staatslexikon-online.de/Lexikon/Grenze
https://www.versailler-vertrag.de/svsg/svsg-i.htm

Abbildungsverzeichnis

Cover: Fotoalbum „Confine Italo-austriaco“, Privatarchiv Stephan Gostner.
Vorsatz: Tiroler Landesarchiv: Karton 166 „Neuere Grenzakten“, 14.5.
Seite 6–7: Tiroler Landesarchiv: Karton 166 „Neuere Grenzakten“, 14.5.
Seite 10–11: Tiroler Landesarchiv: Karton 166 „Neuere Grenzakten“, 14.5.
Seite 12–15: Fotoalbum „Confine Italo-austriaco“.
Seite 18: Fotoalbum „Confine Italo-austriaco“.
Seite 21–25: Fotoalbum „Confine Italo-austriaco“.
Seite 26–27: Tiroler Landesarchiv: Karton 166 „Neuere Grenzakten“, 14.4.
Seite 28: Tiroler Landesarchiv: Karton 166 „Neuere Grenzakten“, 14.2.1.
Seite 29: Tiroler Landesarchiv: Karton 166 „Neuere Grenzakten“, 14.3.
Seite 30: Fotoalbum „Confine Italo-austriaco“.
Seite 31: Tiroler Landesarchiv: Karton 166 „Neuere Grenzakten“, 14.2.1.
Seite 32–33: Fotoalbum „Confine Italo-austriaco“.
Seite 35–37: Fotoalbum „Confine Italo-austriaco“.
Seite 38–39: Tiroler Landesarchiv: Karton 166 „Neuere Grenzakten“, 14.5.
Seite 40–41: Österreichisch-italienischer Grenzregelungsausschluss: Karte des Grenzverlaufes und der anschließenden Gebiete, Aufnahmeblatt 5, Privatarchiv Efrem Oberlechner und Tiroler Landesarchiv: Karton 166 „Neuere Grenzakten“, 14.3.
Seite 42–45: Tiroler Landesarchiv: Karton 166 „Neuere Grenzakten“, 14.3.
Seite 47–50: Fotoalbum „Confine Italo-austriaco“.

Seite 52: Fotoalbum „Confine Italo-austriaco".

Seite 53: Fotoalbum „Confine Italo-austriaco" und Karte des Grenzverlaufes und der anschließenden Gebiete, Aufnahmeblatt 11.

Seite 54: Tiroler Landesarchiv: Karton 166 „Neuere Grenzakten", 14.5.

Seite 55: Tiroler Landesarchiv: Karton 166 „Neuere Grenzakten", 14.2.1.

Seite 56: Fotoalbum „Confine Italo-austriaco".

Seite 57: Tiroler Landesarchiv: Karton 166 „Neuere Grenzakten", 14.2.1.

Seite 58–71: Fotoalbum „Confine Italo-austriaco".

Seite 78–79: Fotoalbum „Confine Italo-austriaco".

Seite 82–87: Fotoalbum „Confine Italo-austriaco".

Seite 92: Fotoalbum „Confine Italo-austriaco".

Seite 101–107: Fotoalbum „Confine Italo-austriaco".

Seite 109–110: Fotoalbum „Confine Italo-austriaco".

Seite 114–117: Fotoalbum „Confine Italo-austriaco".

Seite 124: Fotoalbum „Confine Italo-austriaco".

Seite 125: Karte des Grenzverlaufes und der anschließenden Gebiete, Aufnahmeblatt 8.

Seite 126–127: Fotoalbum „Confine Italo-austriaco".

Seite 132–134: Fotoalbum „Confine Italo-austriaco".

Seite 135: Fotoalbum „Confine Italo-austriaco" und Karte des Grenzverlaufes und der anschließenden Gebiete, Aufnahmeblatt 11.

Seite 136–139: Fotoalbum „Confine Italo-austriaco".

Nachsatz: Karte des Grenzverlaufes und der anschließenden Gebiete, Titelblatt.

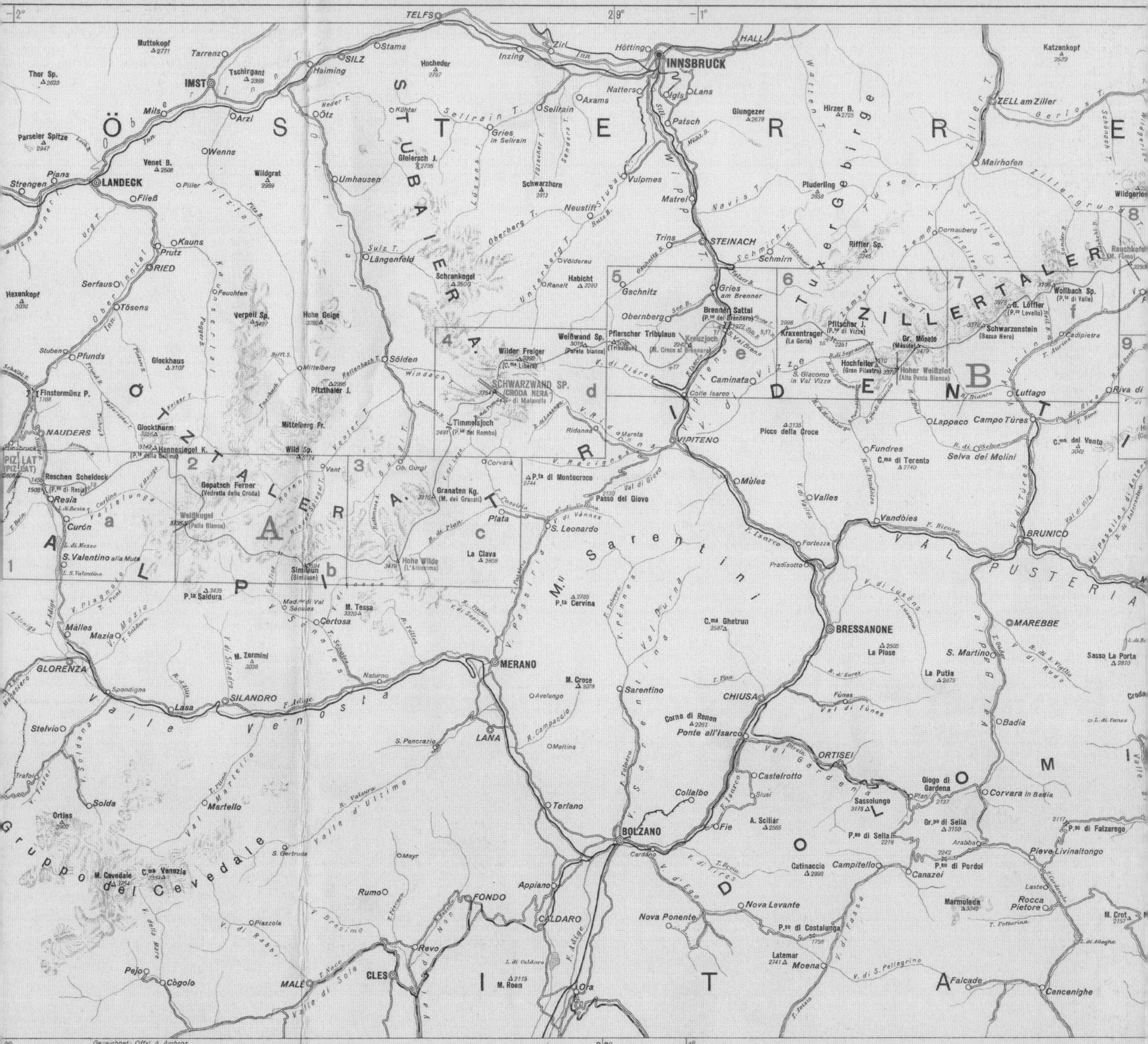

Gezeichnet: Offz. A. Ambroz
des Kartographischen, früher Militärgeographischen Institutes in Wien.